KB210291

영어로 입이 열리는 감동

영어 낭독 훈련

지식×감동 에피소드

* 본 도서는 2014년 출간된 〈영어 낭독 훈련 지식 에피소드〉와 〈영어 낭독 훈련 감동 에피소드〉의 합본으로 동일한 내용의 개정판입니다.

영어 낭독 훈련 **지식 감동 에피소드**

지은이 심재원, Danton Ford, Paul Kim
초판 1쇄 인쇄 2025년 3월 5일
초판 1쇄 발행 2025년 3월 14일

발행인 박효상 **편집장** 김현 **기획·편집** 장경희, 오혜순, 이한경, 박지행 **디자인** 임정현
마케팅 이태호, 이전희 **관리** 김태옥

기획·편집 진행 김현 **본문·표지 디자인** 신세진 **교정·교열** 박진재

종이 월드페이퍼 **인쇄·제본** 예림인쇄·바인딩

출판등록 제10-1835호 **발행처** 사람in
주소 04034 서울시 마포구 양화로 11길 14-10 (서교동) 3F
전화 02) 338-3555(代) **팩스** 02) 338-3545 **E-mail** saramin@netsgo.com
Website www.saramin.com

책값은 뒤표지에 있습니다.
파본은 바꾸어 드립니다.

ISBN
979-11-7101-144-5 14740
979-11-7101-098-1 (세트)

우아한 지적만보, 기민한 실사구시 사람in

영어로 입이 열리는 감동

영어 낭독 훈련

지식×감동 에피소드

심재원, Danton Ford, Paul Kim 지음

사람in
saramin.com

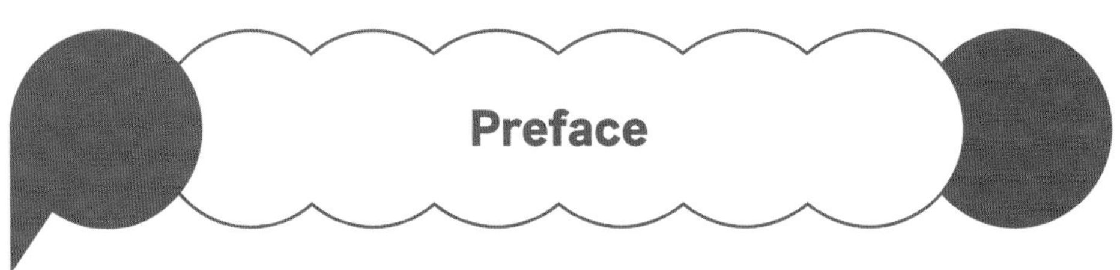

▸ 낭독 훈련은 유창성 향상의 특효약이다

영어 교육에서 '낭독 훈련'이란 용어는 보통명사가 된 것 같습니다. 예전에 EBS에서 방영한 '한국인과 영어'라는 다큐멘터리에서는 낭독 훈련이 초등학교 현장에서 활용되고 있는 사례를 보여주었습니다. 30일간 낭독 훈련을 실천한 결과, 참가 학생들 모두 독해력, 발음, 읽는 속도에서 뚜렷한 향상을 보였습니다. 이 프로그램을 통해 이제 공교육으로까지 영어 낭독 훈련이 확산되어 가고 있다는 것을 확인할 수 있었습니다.

많은 사람들이 영어로 유창하게 말을 잘하는 비결을 찾습니다. 하지만 이에 대한 비결은 따로 있는 것이 아닙니다. 끈기 있게 표현을 많이 외우고, 큰 소리로 따라 말하고, 기회가 될 때마다 써보는 것이 바로 비결이죠. 결국 핵심은 낭독 훈련이 추구하는 '(개인적인) 실천'의 문제로 귀결이 되고 맙니다. 영어 낭독 훈련 시리즈는 낭독 훈련에 적합한 콘텐츠와 실천 가능한 훈련 프로세스를 제공함으로써 학습자가 꾸준히 낭독 훈련을 '실천'하게 하는 데 그 목적이 있다 할 수 있습니다.

필자는 언어 실력 향상을 위한 필요조건을 말할 때 유창성, 정확성, 창의성의 3대 요소를 자주 거론합니다. 창의성은 교육 외적으로 타고나거나 개인적인 경험으로부터 크게 영향을 받을 수 있고, 또 정확성은 유창성이 높아지면 자연스럽게 따라오는 영역이기 때문에 사실상 실용 영어교육에서 가장 중시해야 할 부분은 '유창성 훈련'이라 할 수 있습니다. EFL 환경(영어가 제2언어가 아닌 외국어로 쓰이는 상황)에서 영어 낭독 훈련은 형식적 유창성을 향상시키는 데 특효약입니다. 굳이 비싼 비용을 들여 어학연수를 가거나 힘들게 외국인 친구를 사귀지 않더라도 매일 꾸준히 실천만 한다면 충분히 효과를 거둘 수 있습니다.

▸ 스토리가 기억하고 말하게 한다

본 교재는 낭독 훈련을 통한 형식적 유창성 향상에서 한 걸음 더 나아가 영어 콘텐츠까지 동시에 채울 수 있도록 기획되었습니다. 영어 학습자들의 공통적인 푸념 중 하나가 '막상 영어로 말하려면 할 말이 없다'입니다. 상식적으로 생각해봐도 평소에 우리말로도 말할 거리가 없는 사람이 영어로 갑자기 유창한 스피킹을 구사할 리 만무하지요.

풍부한 화젯거리를 쌓기 위해 무엇보다 좋은 재료가 바로 '스토리(이야기)'입니다. 스토리텔링의 대가인 스티브 데닝(Steve Denning)은 "사람들은 스토리로 생각하고, 말하고, 이해한다. 심지어 꿈마저도 스토리 방식으로 꾼다."고 했습니다. 인지심리학자 로저 섕크(Roger Schank)도 스토리가 지식 축적에서 핵심 역할을 한다고 주장합니다. 왜냐하면 우리 뇌가 중요한 기억들을 '이야기' 형태로 저장하기 때문이지요. 단편적인 정보도 의미 있는 이야기가 덧붙여지면 보다 쉽게 기억되고 인출될 수 있으며 더 오래 저장됩니다. 그래서 인류의 진화 과정에서 이러한 스토리텔링 방식은 정보를 습득하고 대인 관계를 맺는 중요한 도구로 활용되었습니다. 뿐만 아니라 스토리는 변형을 가미해 계속 확대 재생산될 수 있으며 수많은 이야기를 들어도 우리가 기억할 수 있는 이야기의 용량은 엄청납니다.

기업에서도 스토리텔링이 중요한 감성마케팅 수단으로 자리를 잡았으며, 교육 현장에서도 '스토리텔링 수학'과 같이 다양하게 적용되고 있습니다. 영어 스피킹 시험을 개발해온 한 국내 영어 학자는 스토리를 잘 전달하지 못하면 중급 단계로 절대 진입할 수 없다고 말합니다. 초등생이든 대학생이든 스토리텔링 연습을 50시간(하루 1시간씩 2개월 정도)만 해도 영어 스피킹에 자신감이 생기고, 이야기를 마무리하는 능력과 스토리 구성력이 크게 향상된다는 보고가 있습니다.

본 교재는 교훈적인 이야기와 일반 상식을 스토리텔링 형태로 엮었습니다. 지혜와 지식이 담긴 스토리로 낭독 훈련을 하다 보면 내용과 형식이라는 두 마리 토끼를 모두 잡을 수 있으리라 확신합니다. 오늘도 구슬땀 흘리며 영어 낭독 훈련으로 자신의 영어 실력을 갈고닦는 모든 독자 여러분께 힘찬 응원의 박수를 보냅니다.

이 책이 나오기까지 많은 분들의 도움이 있었습니다. 가깝게는 항상 용기를 북돋아주고, 삶의 희망을 주는 가족에게 감사의 말을 전합니다. 바쁜 와중에도 오랫동안 함께 노력을 기울여준 국립외교원의 댄튼(Danton Ford)과 폴(Paul Kim)에게도 고마운 마음을 전합니다. 또한 영어 낭독 훈련에 대한 열정과 초심을 잃지 않고 지원을 아끼지 않으시는 사람in 출판사의 박효상 사장님과 정성의 달인 김현 편집장님께도 이 자리를 빌려 심심한 감사의 말씀을 전합니다.

- 영어 걱정 없이 저마다의 꿈을 마음껏 펼쳐가는 세상을 꿈꾸며

저자 심재원

How to Use This Book

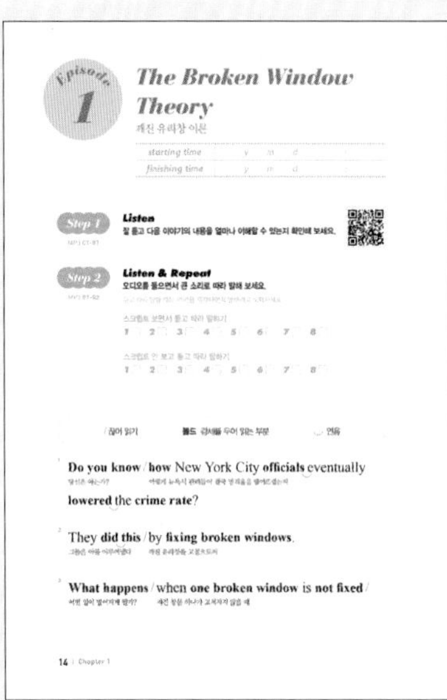

Episode 1

The Broken Window Theory

깨진 유리창 이론

starting time y m d

finishing time y m d

Step 1 **Listen**

잘 듣고 다음 이야기의 내용을 얼마나 이해할 수 있는지 확인해 보세요.

Step 2 **Listen & Repeat**

오디오를 들으면서 큰 소리로 따라 말해 보세요.

스크립트 보면서 듣고 따라 말하기

1 2 3 4 5 6 7 8

스크립트 안 보고 듣고 따라 말하기

1 2 3 4 5 6 7 8

/ 끊어 읽기 볼드 강세를 두어 읽는 부분 연음

1 **Do you know** / **how** New York City **officials** eventually **lowered** the **crime rate**?

2 They **did this** / by **fixing broken windows**.

3 **What happens** / when **one broken window** is **not fixed** /

14 | Chapter 1

Listen

낭독 훈련에 들어가기 전에 스토리를 잘 듣고 스토리의 내용을 얼마나 이해할 수 있는지 확인해 보세요.

Listen & Repeat

이제부터 한 문장씩 큰 소리로 따라 읽으며 내 것으로 만드는 순서입니다. 듣고 따라 읽을 때는 의미를 생각하면서 읽으려고 노력하세요. 처음에는 스크립트를 보면서 큰 소리로 따라 읽고 다음에는 스크립트를 보지 않고 듣고 따라서 낭독해봅니다. 이때 스크립트에 표시되어 있는 끊어읽기(/), 강세(**볼드체**), 연음 (‿) 등에 유의하여 연습하세요. 원어민의 발성을 최대한 흉내 내려고 노력해 보세요.

Step 3 **Shadow speak**

낭독 훈련을 충분히 하여 문장이 어느 정도 입에 붙었다면, 이번에는 스크립트 없이 오디오를 들으면서 한 박자 천천히 섀도우스피킹(그림자 따라 말하기)을 해 보세요.

1 2 3 4 5 6 7 8

Questions & Answers

스토리에 나온 문장을 활용하여 질문에 답해 보세요.

1 **What** does 'damage to buildings' mean?

▸

2 **When** was the Broken Window Theory developed?

▸ The Broken Window Theory

3 When there is a small problem, **how** should it be handled?

▸ When there is a small problem,

Summarize

앞서 낭독 훈련한 스토리의 중심 생각을 담아 요약해서 말해 보세요.

If a window's broken and left unrepaired, it'll likely lead to more broken windows in the neighborhood, which may increase crime.
This is known as the Broken Window Theory that shows how small problems can lead to bigger problems.
Therefore, **even small problems should be addressed right away.**

Episode 1 | 17

Shadow Speak

낭독 훈련을 충분히 하여 문장이 어느 정도 입에 붙었다 싶으면, 이번에는 스크립트 없이 오디오를 들으면서 섀도우스피킹(그림자 따라 읽기)을 해 봅니다. 섀도우스피킹은 한 문장이 끝날 때까지 듣고 따라하는 것이 아니라, 원어민의 음성을 들으면서 한 박자 천천히 따라서 낭독하는 훈련입니다. 즉, 따라 읽으면서 오디오에서 나오는 소리를 동시에 들어야 하는 것입니다. 어렵지만 Listen & Repeat을 충분히 했다면 따라하다가 원어민의 음성을 잘 못 들은 부분이 생겨도 내용을 기억해서 따라서 말할 수 있겠죠.

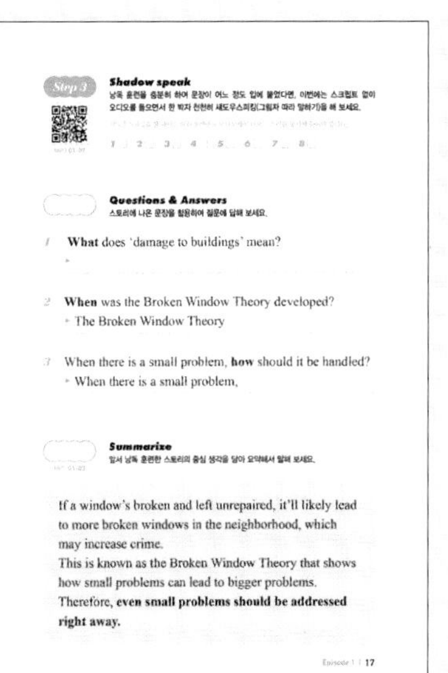

Step 3 **Shadow speak**
낭독 훈련을 충분히 하여 문장이 어느 정도 입에 붙었다면, 이번에는 스크립트 없이 오디오를 들으면서 한 박자 천천히 섀도우스피킹(그림자 따라 말하기)을 해 보세요.

Questions & Answers
스토리에 나온 문장을 활용하여 질문에 답해 보세요.

1 **What** does 'damage to buildings' mean?

2 **When** was the Broken Window Theory developed?
▸ The Broken Window Theory

3 When there is a small problem, **how** should it be handled?
▸ When there is a small problem,

Summarize
앞서 낭독 훈련한 스토리의 중심 생각을 담아 요약해서 말해 보세요.

If a window's broken and left unrepaired, it'll likely lead to more broken windows in the neighborhood, which may increase crime.
This is known as the Broken Window Theory that shows how small problems can lead to bigger problems.
Therefore, **even small problems should be addressed right away.**

Episode 1 | 17

Questions & Answers

스토리 낭독 훈련을 열심히 했다면 스토리의 내용도 저절로 숙지가 되었겠죠? 주어진 질문에 대해 스토리에 나온 문장을 그대로 활용하여 소리 내어 답변해 보세요. Q&A 방식은 전체 스토리 암송에도 도움이 된답니다.

Summarize

앞서 낭독 훈련한 스토리에서 우리가 배울 수 있는 교훈은 무엇인지 말해 보는 순서입니다. 스토리의 주제나 교훈을 어떻게 집약적으로 표현할 수 있는지 살펴보고 소리 내어 말해 보세요.

Questions & Answers의 정답과 Summarize의 우리말 해석은 Translations & Answers에서 확인하실 수 있습니다.

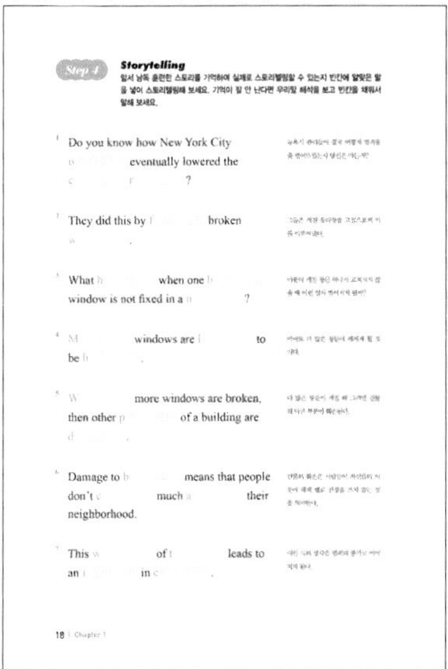

Step 4 **Storytelling**
앞서 낭독 훈련한 스토리를 기억하여 실제로 스토리텔링할 수 있는지 빈칸에 알맞은 말을 넣어 스토리텔링해 보세요. 기억이 잘 안 난다면 우리말 해석을 보고 빈칸을 채워서 말해 보세요.

1 Do you know how New York City o___ eventually lowered the c___ r___?

2 They did this by f___ broken w___.

3 What h___ when one b___ window is not fixed in a n___?

4 M___ windows are l___ to be b___.

5 W___ more windows are broken, then other p___ of a building are d___.

6 Damage to b___ means that people don't c___ much a___ their neighborhood.

7 This w___ of t___ leads to an i___ in c___.

18 | Chapter 1

Storytelling

앞서 낭독 훈련한 스토리를 기억하여 실제로 스토리텔링할 수 있는지 빈칸에 알맞은 말을 넣어 스토리텔링 해보세요. 기억이 잘 안 난다면 빈칸에 주어진 단어의 첫 철자나 우리말 해석을 참고해서 빈칸을 채워 말해보세요. 앞에 있는 청중들에게 스토리텔링을 해준다고 상상하면서 연습해 보는 것도 좋습니다.

Why Storytelling?

낭독 훈련은 '영어로 자신과 대화하는 연습'입니다. 낭독 훈련을 통해 영어를 보다 잘하는 것처럼 들리게 할 수 있는 '형식적 유창성'이 빠른 시간 내에 크게 향상될 수 있습니다. 스피킹은 크게 내용(contents)과 프레젠테이션(presentation)의 두 가지 측면으로 구분할 수 있는데, 쉽게 말해서, '무엇에 대해 말하는가'와 '어떻게 말하는가'로 나눌 수 있습니다. 낭독 훈련으로 '어떻게 말하는가' 하는 부분이 우선적으로 눈에 띄게 개선이 되면, 이제 커뮤니케이션의 나머지 부분인 '무엇에 대해 말하는가'가 중요해지지요. 여기서 '스토리텔링'이 중요한 역할을 합니다.

'Fact tells, but story sells.'란 말이 있는데요, '사실'은 정보를 나열할 뿐이지만 '스토리'는 사람의 마음을 움직일 정도로 효과가 있다는 말입니다. 스토리텔링은 영어 스피킹 고민에 대한 좋은 해결책이 될 수 있습니다.

고민1 막상 영어로 말하려면 할 말이 없다

쉬운 영어 스토리로 콘텐츠(원료)를 채우면 자동으로 스피킹(생산)이 됩니다.

고민2 할 말을 금방 까먹는다

스토리는 줄거리가 있어 힘들여 외우려고 노력하지 않아도 기억이 잘 납니다.

고민3 스피킹 시험 준비를 어떻게 시작해야 할지 막막하다

스토리텔링 실력은 모든 종류의 스피킹 시험 준비의 초석을 마련해 줍니다.

가장 이상적인 스피킹 솔루션은 자신의 에피소드를 바탕으로 본인의 생각을 처음부터 끝까지 스토리 구조로 혼자 길게 말해보는 연습입니다. 하지만 처음부터 자신의 에피소드를 말하기도 어려울 뿐더러 자신의 영어에 대한 객관적인 평가도 어렵지요. 그래서 이에 대한 최선의 현실적 대안으로 '스토리텔링 연습'을 제안합니다.

본 교재에는 교훈적인 스토리와 일반 상식이 담긴 스토리들이 실려 있습니다. 주어진 스토리를 활용하여 처음부터 끝까지 혼자서 길게 말해보는 연습을 하다 보면 자신의 영어가 보다 유창해지는 것을 체험할 수 있을 것입니다. 여러 번 반복해서 낭독 훈련을 하면 이 스토리들이 자연스럽게 기억이 될 것이며, 스토리 앞뒤에 자신의 생각을 덧붙여 실전 대화에서 다양하게 재활용할 수도 있습니다.

CONTENTS

Chapter 02 감동 에피소드

Chapter *01*

(지식 에피소드)

The Broken Window Theory

깨진 유리창 이론

starting time	y m d :
finishing time	y m d :

MP3 01-01

Listen

잘 듣고 다음 이야기의 내용을 얼마나 이해할 수 있는지 확인해 보세요.

Step 2

MP3 01-02

Listen & Repeat

오디오를 들으면서 큰 소리로 따라 말해 보세요.

듣고 따라 말할 때는 의미를 생각하면서 말하려고 노력하세요.

스크립트 보면서 듣고 따라 말하기

1 ☐ 2 ☐ 3 ☐ 4 ☐ 5 ☐ 6 ☐ 7 ☐ 8 ☐

스크립트 안 보고 듣고 따라 말하기

1 ☐ 2 ☐ 3 ☐ 4 ☐ 5 ☐ 6 ☐ 7 ☐ 8 ☐

/ 끊어 읽기 **볼드** 강세를 두어 읽는 부분 ◡ 연음

1 **Do you know** / **how** New York City **officials** eventually **lowered** the **crime rate**?

당신은 아는가? 어떻게 뉴욕시 관리들이 결국 범죄율을 떨어뜨렸는지

2 They **did this** / by **fixing broken windows**.

그들은 이를 이루어냈다 깨진 유리창을 고침으로써

3 **What happens** / when **one broken window** is **not fixed** /

어떤 일이 벌어지게 될까? 깨진 창문 하나가 고쳐지지 않을 때

in a **neighborhood**?
이웃의

4 **More windows** are **likely** / to be **broken**.
아마도 더 많은 창문이 ~할 것이다 깨지게 될

5 When **more windows** are **broken**, / then **other parts** of a **building** are **damaged**.
더 많은 창문이 깨질 때 그러면 건물의 다른 부분이 훼손이 된다

6 **Damage** to **buildings means** / that **people don't care much** / about their **neighborhood**.
건물의 훼손은 의미한다 사람들이 별로 신경을 쓰지 않는 것을 자신들의 이웃에 대해

7 **This way** of **thinking leads** / to an **increase** in **crime**.
이런 식의 생각은 이어지게 된다 범죄의 증가로

8 **This** is **called** the **Broken Window Theory** / which was **developed** in the **1980s**.

이것이 깨진 유리창 이론으로 불리는 것이다 / 1980년대에 개발된

9 This **idea** is **important** / to a **company** as well.

이 아이디어는 중요하다 / 한 회사에도

10 **When** there is a **small problem**, / it should be **fixed** / **right away**.

작은 문제가 있을 때 / 그 문제는 고쳐져야 한다 / 바로

11 **Even** a **tiny communication problem** in a **team** / could **become** a **bigger problem later**.

팀 내의 사소한 소통의 문제조차 / 나중에 더 큰 문제가 되기도 한다

12 **So** / **let's** be **sure** / **not** to **ignore small problems**.

따라서 / 반드시 ~하자 / 작은 문제들을 무시하지 않도록

13 A **company** has to **fix** / its **"broken windows,"** / **too**.

회사도 고쳐야만 하는 것이다 / 자사의 '깨진 창문들'을 / 역시

Words & Expressions

lower 낮추다 | crime rate 범죄율 | fix 고치다 | likely to ~할 것 같은 | damage 훼손하다; 훼손 | increase 증가 | end up 결국 ~에 처하게 되다 | serious 심각한 | as well 또한, 역시 | tiny 아주 작은, 사소한 | be sure to 반드시 ~하다 | ignore 무시하다

MP3 01-01

Step 3 Shadow speak

낭독 훈련을 충분히 하여 문장이 어느 정도 입에 붙었다면, 이번에는 스크립트 없이 오디오를 들으면서 한 박자 천천히 섀도우스피킹(그림자 따라 말하기)을 해 보세요.

섀도우스피킹을 할 때에는 따라 말하면서 오디오에서 나오는 소리를 동시에 들어야 합니다.

1☐ 2☐ 3☐ 4☐ 5☐ 6☐ 7☐ 8☐

Questions & Answers

스토리에 나온 문장을 활용하여 질문에 답해 보세요.

1 **What** does 'damage to buildings' mean?

▶

2 **When** was the Broken Window Theory developed?

▶ The Broken Window Theory

3 When there is a small problem, **how** should it be handled?

▶ When there is a small problem,

Summarize

앞서 낭독 훈련한 스토리의 중심 생각을 담아 요약해서 말해 보세요.

MP3 01-03

If a window's broken and left unrepaired, it'll likely lead to more broken windows in the neighborhood, which may increase crime.
This is known as the Broken Window Theory that shows how small problems can lead to bigger problems.
Therefore, **even small problems should be addressed right away.**

Step 4

Storytelling

앞서 낭독 훈련한 스토리를 기억하여 실제로 스토리텔링할 수 있는지 빈칸에 알맞은 말을 넣어 스토리텔링해 보세요. 기억이 잘 안 난다면 우리말 해석을 보고 빈칸을 채워서 말해 보세요.

1 Do you know how New York City o____ eventually lowered the c____ r____?	뉴욕시 관리들이 결국 어떻게 범죄율을 떨어뜨렸는지 당신은 아는가?
2 They did this by f____ broken w____.	그들은 깨진 유리창을 고침으로써 이를 이루어냈다.
3 What h____ when one b____ window is not fixed in a n____?	이웃의 깨진 창문 하나가 고쳐지지 않을 때 어떤 일이 벌어지게 될까?
4 M____ windows are l____ to be b____.	아마도 더 많은 창문이 깨지게 될 것이다.
5 W____ more windows are broken, then other p____ of a building are d____.	더 많은 창문이 깨질 때 그러면 건물의 다른 부분이 훼손된다.
6 Damage to b____ means that people don't c____ much a____ their neighborhood.	건물의 훼손은 사람들이 자신들의 이웃에 대해 별로 신경을 쓰지 않는 것을 의미한다.
7 This w____ of t____ leads to an i____ in c____.	이런 식의 생각은 범죄의 증가로 이어지게 된다.

8 This is called the B W Theory which was d in the 1980s.

이것이 1980년대에 개발된 깨진 유리창 이론으로 불리는 것이다.

9 This idea is i to a company as w .

이 아이디어는 한 회사에도 중요하다.

10 When there is a s problem, it s be fixed r a .

작은 문제가 있을 때 그 문제는 바로 고쳐져야 한다.

11 E a tiny c problem in a team could b a b problem later.

팀 내의 사소한 소통의 문제조차 나중에 더 큰 문제가 되기도 한다.

12 So let's be s not to i small problems.

따라서 반드시 작은 문제들을 무시하지 않도록 하자.

13 A c has to f its "broken w ," too.

회사도 역시 자사의 '깨진 창문들'을 고쳐야만 하는 것이다.

Heinrich's Law

하인리히의 법칙

starting time	y m d :
finishing time	y m d :

MP3 02-01

Listen

잘 듣고 다음 이야기의 내용을 얼마나 이해할 수 있는지 확인해 보세요.

Step 2

MP3 02-02

Listen & Repeat

오디오를 들으면서 큰 소리로 따라 말해 보세요.

듣고 따라 말할 때는 의미를 생각하면서 말하려고 노력하세요.

스크립트 보면서 듣고 따라 말하기

1 ☐ 2 ☐ 3 ☐ 4 ☐ 5 ☐ 6 ☐ 7 ☐ 8 ☐

스크립트 안 보고 듣고 따라 말하기

1 ☐ 2 ☐ 3 ☐ 4 ☐ 5 ☐ 6 ☐ 7 ☐ 8 ☐

/ 끊어 읽기 **볼드** 강세를 두어 읽는 부분 ◡ 연음

1 We might **see breaking news** / at **anytime**.

우리는 뉴스 속보를 볼지 모른다 / 언제라도

2 With a **serious face**, / an **anchor reports** an **accident** / just **occurred** / and it's **critical**.

심각한 얼굴로 / 앵커가 사고를 보도한다 / 방금 발생한 / 그리고 상황이 위태롭다

3 **Glued** to our **TVs**, / we **wonder** / **how** this **accident happened** /

TV에 눈을 떼지 못하면서 / 우리는 의아해한다 / 어떻게 이런 사고가 일어났는지

out of the **blue**.
별안간

4 But / **major accidents never happen** / all of a **sudden**.
그러나 중대 사고는 절대 발생하지 않는다 갑자기

5 **Herbert Heinrich** was an **industrial safety expert** / during
허버트 하인리히는 산업 안전 전문가였다 1930년대

the **1930s**.

6 He **collected data** / on **75,000 accidents**.
그는 자료를 모았다 7만5천 건의 사고와 관련한

7 His **research showed** / many **critical**
그의 연구는 보여주었다 많은 치명적인 사고가

accidents share common causes.
공통된 원인을 갖고 있음을

8 **Based** on these **statistics**, / he
이런 통계를 바탕으로 그는

developed the **300-29-1 principle**.
300대-29대-1의 원칙을 개발했다

9 For **every 300 unsafe actions**, /
300건의 부주의한 행동마다

there can be **29 minor accidents**.
29건의 소형사고가 있을 수 있다

10 And an **accumulation** of **29 minor accidents** / can **lead** to
그리고 29건의 소형사고가 쌓이면 1건의 대형사고로 이어질

1 major accident.
수 있다

11 If you **prevent 300 small unsafe actions** / **beforehand**, / you
당신이 300건의 작은 부주의한 행동을 방지하면 미연에 당신은

can **have** an **accident-free workplace**.
무사고 근로환경을 만들 수 있다

12 **These days**, / an **important goal** / for **any organization** or
요즘 중요한 목표는 어떤 조직이나 나아가 국가의

even nation / is to **keep everyone safe**.
모든 사람을 안전하게 지키는 것이다

13 **Otherwise**, / **accidents** or **injuries** can **cost** / **money** and **lives**.
안 그러면 사고나 상해로 희생을 치를 수 있다 돈과 인명의

14 **So** / be on the **lookout** / for **small unsafe actions** / around your
그러니 눈여겨보라 작지만 부주의한 행동들을 당신의 집과 사무실 주변

home and **office**.
에서의

15 As the **old saying goes**, / "An **ounce** of **prevention** is **worth** a
옛 속담에서 말하는 것처럼 "예방이 치료보다 낫다(유비무환)"이다

pound of **cure**."

Words & Expressions

breaking news 뉴스 속보 | serious 심각한 | critical 치명적인, 위태로운 | glued to ~에 달라붙어 | out of the blue 별안간, 갑자기 | industrial 산업의 | collect 모으다 | share 공유하다 | cause 원인 | based on ~에 기초한 | statistics 통계 | unsafe 불안전한, 부주의한 | accumulation 축적, 집적 | prevent 막다, 방지하다 | beforehand 미리 | injury 상해 | cost 희생시키다 |
on the lookout 망을 보는, 경계하는 | ounce 온스(16분의 1파운드) | pound 파운드 | cure 치료

Step 3

MP3 02-01

Shadow speak

낭독 훈련을 충분히 하여 문장이 어느 정도 입에 붙었다면, 이번에는 스크립트 없이 오디오를 들으면서 한 박자 천천히 섀도우스피킹(그림자 따라 말하기)을 해 보세요.

섀도우스피킹을 할 때에는 따라 말하면서 오디오에서 나오는 소리를 동시에 들어야 합니다.

1☐ 2☐ 3☐ 4☐ 5☐ 6☐ 7☐ 8☐

Questions & Answers

스토리에 나온 문장을 활용하여 질문에 답해 보세요.

1 **Who** was Herbert Heinrich?

▶

2 **How** can you have an accident-free workplace?

▶ By preventing

3 **What** is the old saying that summarizes Heinrich's Law?

▶

MP3 02-03

Summarize

앞서 낭독 훈련한 스토리의 중심 생각을 담아 요약해서 말해 보세요.

Heinrich's Law is about safety and is based on the 300-29-1 Principle.
For every 300 unsafe actions, there can be 29 minor accidents, which can lead to 1 major accident.
We should try to prevent the small unsafe actions before they cause a major accident.

Storytelling

앞서 낭독 훈련한 스토리를 기억하여 실제로 스토리텔링할 수 있는지 빈칸에 알맞은 말을 넣어 스토리텔링해 보세요. 기억이 잘 안 난다면 우리말 해석을 보고 빈칸을 채워서 말해 보세요.

1	We might see b_____ n_____ at anytime.	우리는 뉴스 속보를 언제라도 볼지 모른다.
2	With a s_____ face, an a_____ reports an accident just o_____ and it's c_____.	심각한 얼굴로 앵커가 방금 발생한 사고를 보도하고 상황이 위태롭다.
3	G_____ to our TVs, we w_____ how this a_____ happened out of the b_____.	TV에 눈을 떼지 못하면서 우리는 어떻게 이런 사고가 별안간 일어났는지 의아해한다.
4	But m_____ accidents n_____ happen all of a s_____.	그러나 중대 사고는 절대 갑자기 발생하지 않는다.
5	Herbert Heinrich was an industrial s_____ e_____ during the 1930s.	허버트 하인리히는 1930년대 산업 안전 전문가였다.
6	He c_____ data o_____ 75,000 accidents.	그는 7만5천 건의 사고와 관련한 자료를 모았다.
7	His research s_____ many c_____ accidents s_____ common c_____.	그의 연구는 많은 치명적인 사고는 모두 공통된 원인을 갖고 있음을 보여주었다.

8 B on these s , he developed the 300-29-1 p .

이런 통계를 바탕으로 그는 300대-29대-1의 원칙을 개발했다.

9 For e 300 unsafe a , there can be 29 m accidents.

300건의 부주의한 행동마다 29건의 소형사고가 있을 수 있다.

10 And an a of 29 minor accidents can l to 1 m accident.

그리고 29건의 소형사고가 쌓이면 1건의 대형사고로 이어질 수 있다.

11 If you p 300 small u actions b , you can have an accident-free w .

당신이 300건의 작은 부주의한 행동을 미연에 방지하면 당신은 무사고 근로환경을 만들 수 있다.

12 These days, an important g for any o or even nation is to k everyone s .

요즘 어떤 조직이나 나아가 국가의 중요한 목표는 모든 사람을 안전하게 지키는 것이다.

13 O , accidents or i can cost money and l .

안 그러면 사고나 상해로 돈과 인명의 희생을 치르게 된다.

14 So be on the l for small unsafe actions a your home and o .

그러니 당신의 집과 사무실 주변에서의 작지만 부주의한 행동들을 눈여겨보라.

15 As the o s goes, "An ounce of p is worth a pound of c ."

옛 속담에서 말하는 것처럼 "예방이 치료보다 낫다(유비무환)"이다.

The Halo Effect

후광 효과

starting time	y m d :
finishing time	y m d :

MP3 03-01

Listen

잘 듣고 다음 이야기의 내용을 얼마나 이해할 수 있는지 확인해 보세요.

Step 2

MP3 03-02

Listen & Repeat

오디오를 들으면서 큰 소리로 따라 말해 보세요.

듣고 따라 말할 때는 의미를 생각하면서 말하려고 노력하세요.

스크립트 보면서 듣고 따라 말하기

1☐ 2☐ 3☐ 4☐ 5☐ 6☐ 7☐ 8☐

스크립트 안 보고 듣고 따라 말하기

1☐ 2☐ 3☐ 4☐ 5☐ 6☐ 7☐ 8☐

/ 끊어 읽기 **볼드** 강세를 두어 읽는 부분 ‿ 연음

1 **How** do you **feel** / when you **see** an **attractive person**?

당신은 어떤 느낌이 드는가? 매력적인 사람을 볼 때

2 You **usually** have a **good impression** of them, / **right**?

대개는 그들에 대해 좋은 인상을 갖게 된다 그렇지 않은가?

3 You **probably think** / they are a **good** and **successful person**.

당신은 아마 생각할 것이다 그런 사람들은 바르고 성공한 사람이라고

4 **This** is **called** the **Halo Effect**.
이런 것을 일컬어 후광 효과라 한다

5 A **halo** is the **golden ring** / you **see** over an **angel's head**.
후광은 금빛 테이다 당신이 천사의 머리 위에서 볼 수 있는

6 **Attractive people** are **seen** / to have a "**halo**" over their **heads**.
매력적인 사람들은 보인다 그들의 머리 위로 "후광"이 있는 것처럼

7 In **other words**, / we **think** more **positively** / about them.
다시 말해서 우리는 더 긍정적으로 생각을 한다 그들에 대해

8 **Attractive people** are **believed** to have / **better personalities**, /
매력적인 사람들은 가졌을 거라고 여겨진다 더 좋은 성격

higher intelligence / and **status**.
더 높은 지능 그리고 지위

9 For **example**, / **university professors** often **give** /
예를 들어 대학 교수들은 종종 준다

pretty female
예쁜 여학생에게

students higher grades.
더 높은 점수를

10 **Good-looking people** /
잘 생긴 사람들은

usually **get lighter**
대개는 더 가벼운 처벌을 받는다

punishments / when

they **do something wrong**.
그들이 잘못을 할 때

11 **What** about **you**? / Do you **treat** more **attractive staff better**?
당신은 어떤가? 더 매력적인 직원을 더 대우해주지는 않는가?

12 **Does** your **company happen** to **hire** / **nicer-looking people** /
당신의 회사는 혹시 고용하는 건 아닌가? 더 잘 생긴 사람들을

as **new employees**?
신입직원으로

13 **Remember** to **judge others** / **based** on **character** and
남을 판단해야 함을 기억하라 인격과 개성을 바탕으로

personality.

14 **Try not** to **focus** / **only** on **physical appearance**.
집중하려 하지 말라 신체적 외모에만

15 **Otherwise**, / you may **pay** a **price** / for the **misjudgement**.
그렇지 않으면 당신은 대가를 치르게 될지도 모른다 잘못된 판단에 대한

Words & Expressions

attractive 매력적인 | impression 인상 | positively 긍정적으로 | personality 성격, 개성 | intelligence 지능 | status 지위 | punishment 처벌 | happen to 혹시나 ~하다 | judge 판단하다 | character 인격 | physical 신체의 | appearance 외모 | pay a price 대가를 치르다 | misjudgement 오판

MP3 03-01

Step 3 Shadow speak

낭독 훈련을 충분히 하여 문장이 어느 정도 입에 붙었다면, 이번에는 스크립트 없이 오디오를 들으면서 한 박자 천천히 섀도우스피킹(그림자 따라 말하기)을 해 보세요.

섀도우스피킹을 할 때에는 따라 말하면서 오디오에서 나오는 소리를 동시에 들어야 합니다.

1☐ 2☐ 3☐ 4☐ 5☐ 6☐ 7☐ 8☐

Questions & Answers

스토리에 나온 문장을 활용하여 질문에 답해 보세요.

1 **How** do we feel when we see attractive people?

▸ We usually have

2 **Why** do we think more positively about attractive people?

▸ Because they're believed to

3 **What should we do** to avoid the Halo Effect?

▸ Remember to

Summarize

MP3 03-03

앞서 낭독 훈련한 스토리의 중심 생각을 담아 요약해서 말해 보세요.

The Halo Effect describes how we attribute positive qualities to people who are physically attractive.
If someone is good looking, we are likely to think they have a good personality and higher intelligence.
However, **it is better to judge people based on their character instead of how they look.**

Step 4 **Storytelling**

앞서 낭독 훈련한 스토리를 기억하여 실제로 스토리텔링할 수 있는지 빈칸에 알맞은 말을 넣어 스토리텔링해 보세요. 기억이 잘 안 난다면 우리말 해석을 보고 빈칸을 채워서 말해 보세요.

1 How do you f_____ when you see an a_____ person?

당신은 매력적인 사람을 볼 때 어떤 느낌이 드는가?

2 You u_____ have a good i_____ of them, right?

대개는 그들에 대해 좋은 인상을 갖게 된다. 그렇지 않은가?

3 You p_____ think they are a g_____ and s_____ person.

당신은 아마 그런 사람들은 바르고 성공한 사람이라고 생각할 것이다.

4 This is called the H_____ E_____.

이런 것을 일컬어 후광 효과라 한다.

5 A halo is the g_____ r_____ you see over an a_____ h_____.

후광은 천사의 머리 위에서 볼 수 있는 금빛 테이다.

6 A_____ people are s_____ to have a "h_____" over their h_____.

매력적인 사람들은 그들 머리 위로 "후광"이 있는 것처럼 보인다.

7 In other w_____, we think more p_____ about t_____.

다시 말해서, 우리는 그들에 대해 더 긍정적으로 생각을 한다.

8 Attractive people are b_____ to have better p_____, higher i_____ and s_____.

매력적인 사람들은 더 좋은 성격, 더 높은 지능과 지위를 가졌을 거라고 여겨진다.

9 For example, university p ______ often give pretty f ______ students h ______ grades.

예를 들어, 대학 교수들은 종종 예쁜 여학생에게 더 높은 점수를 준다.

10 G ______ people usually get l ______ p ______ when they do something w ______.

잘 생긴 사람들은 그들이 잘못을 할 때 대개는 더 가벼운 처벌을 받는다.

11 What a ______ you? Do you t ______ more attractive staff b ______?

당신은 어떤가? 더 매력적인 직원을 더 대우해주지는 않는가?

12 Does your c ______ happen to h ______ nicer-looking people as new e ______?

당신의 회사는 혹시 신입직원으로 더 잘 생긴 사람들을 고용하는 건 아닌가?

13 Remember to j ______ others b ______ on c ______ and p ______.

인격과 개성을 바탕으로 남을 판단해야 함을 기억해라.

14 Try n ______ to f ______ only on physical a ______.

신체적 외모에만 집중하려 하지 말라.

15 O ______, you may pay a p ______ for the m ______.

그렇지 않으면 당신은 잘못된 판단에 대한 대가를 치르게 될지도 모른다.

Pareto Principle(80/20 Rule)

파레토 원칙(80대 20의 법칙)

starting time	y m d :
finishing time	y m d :

Step 1
MP3 04-01

Listen
잘 듣고 다음 이야기의 내용을 얼마나 이해할 수 있는지 확인해 보세요.

Step 2
MP3 04-02

Listen & Repeat
오디오를 들으면서 큰 소리로 따라 말해 보세요.
듣고 따라 말할 때는 의미를 생각하면서 말하려고 노력하세요.

스크립트 보면서 듣고 따라 말하기
1☐ 2☐ 3☐ 4☐ 5☐ 6☐ 7☐ 8☐

스크립트 안 보고 듣고 따라 말하기
1☐ 2☐ 3☐ 4☐ 5☐ 6☐ 7☐ 8☐

/ 끊어 읽기 　 **볼드** 강세를 두어 읽는 부분 　 ◡ 연음

1 Have you **ever said** to a **client**, / "I **wish** / **all** my **clients** could be **like you**"?
당신은 고객에게 말해본 적이 있는가? "좋겠습니다 제 고객들이 모두 선생님 같을 수 있다면" 이라고

2 **Usually** / we **say that** / to our **best clients**.
대개는 우리는 그 말을 한다 최우수 고객들에게

3 **They** are **loyal** / and **do** a **lot** of **business** / with **us.**
그들은 충성스럽다 그리고 거래도 많이 해준다 우리와

4 But we **also** have **difficult customers**.
하지만 우리는 또한 까다로운 고객들도 있다

5 Have you **noticed** / that the **percentage** of **best** and **worst**
당신은 알아챘는가? 이 최우수 고객과 최악의 고객 비율이

clients / is about the **same**?
거의 똑같다는 걸

6 If you **said yes**, / then / you have **experienced** / the **Pareto**
당신이 예라고 말했다면 그렇다면 당신은 경험했다 파레토 원칙 또는

Principle or **80/20 Rule**.
80대 20의 법칙을

7 This **rule says** / about **80%** of **effects** /
이 법칙은 ~라 한다 어떤 결과의 80% 정도는

come from **20%** of **causes**.
20%의 원인에서 기인한다고

8 **This** is the **same** / for
이러한 법칙은 똑같이 적용된다 긍정적인

positive and **negative results**.
결과와 부정적인 결과 모두에

9 For **instance**, /
예를 들어

around **80%** of **profits** /
수익의 약 80%는

come from **20%** of **customers**.
20%의 고객으로부터 나온다

10 **On** the **other hand**, / roughly **80%** of **complaints** are / from
한편 불편신고의 80% 정도도 나온다

20% of **customers**.
20%의 고객으로부터

11 **What** does **this all mean** / to **you**?
이 모든 것이 시사하는 바는 뭘까? 당신에게

12 This **rule** can **help** you / be **more efficient** and **successful**.
이 법칙은 당신을 도와줄 수 있다 더 효율적이고 성공적이도록

13 With the **80/20 Rule**, / you will **know** / **where** to **focus** your
80대 20의 법칙으로 당신은 알게 될 것이다 어디에 당신의 주의를 집중해야 할지를

attention / for the **best results**.
최선의 결과를 위해

14 **So**, / **follow** this **principle** / to **maximize** your **profits** / and
따라서 이 원칙을 따라보라 당신의 수익을 극대화하기 위해 그리고

minimize your **risks**.
당신의 위험을 최소화하기 위해

Words & Expressions

loyal 충성스러운 | notice 알아차리다 | principle 원칙 | effect 결과 | cause 원인 | positive 긍정적인 | negative 부정적인 | profit 수익 | complaint 불평 | efficient 효율적인 | attention 주의, 주목 | maximize 극대화하다 | minimize 최소화하다 | risk 위험

Shadow speak

낭독 훈련을 충분히 하여 문장이 어느 정도 입에 붙었다면, 이번에는 스크립트 없이 오디오를 들으면서 한 박자 천천히 섀도우스피킹(그림자 따라 말하기)을 해 보세요.

MP3 04-01

섀도우스피킹을 할 때에는 따라 말하면서 오디오에서 나오는 소리를 동시에 들어야 합니다.

1☐ 2☐ 3☐ 4☐ 5☐ 6☐ 7☐ 8☐

Questions & Answers

스토리에 나온 문장을 활용하여 질문에 답해 보세요.

1 **How** can we summarize the Pareto Principle?

▸ This rule says about

2 **Where** do roughly 80% of complaints come from?

▸ They are

3 **What** will the 80/20 Rule help you to know?

▸ You will know

Summarize

앞서 낭독 훈련한 스토리의 중심 생각을 담아 요약해서 말해 보세요.

MP3 04-03

The Pareto Principle is also known as the 80/20 Rule.
It describes how **80% of effects come from 20% of causes.**
If you run a business, remember that 80% of your profits are likely to come from 20% of your customers.

Storytelling

앞서 낭독 훈련한 스토리를 기억하여 실제로 스토리텔링할 수 있는지 빈칸에 알맞은 말을 넣어 스토리텔링해 보세요. 기억이 잘 안 난다면 우리말 해석을 보고 빈칸을 채워서 말해 보세요.

1 Have you e______ said to a c______, "I wish all my c______ could be like you"?	당신은 고객에게 "제 고객들이 모두 선생님 같을 수 있다면 좋겠습니다."라고 말해본 적이 있는가?
2 Usually we s______ that to our b______ clients.	대개는 우리는 최우수 고객들에게 그 말을 한다.
3 They are l______ and do a lot of b______ with us.	그들은 충성스러우며 우리와 거래도 많이 해준다.
4 But we a______ have difficult c______.	하지만 우리는 또한 까다로운 고객들도 있다.
5 Have you n______ that the p______ of best and w______ clients is about the s______?	당신은 이 최우수 고객과 최악의 고객 비율이 거의 똑같다는 걸 알아챘는가?
6 If you s______ yes, then you have e______ the Pareto P______ or 80/20 Rule.	당신이 예라고 말했다면 그렇다면 당신은 파레토 원칙 또는 80대 20의 법칙을 경험했다.
7 This r______ says about 80% of e______ come from 20% of c______.	이 법칙은 어떤 결과의 80% 정도는 20%의 원인에서 기인한다고 한다.

8 This is the same for p and negative r .

이러한 법칙은 긍정적인 결과와 부정적인 결과 모두에 똑같이 적용된다.

9 For i , around 80% of p come from 20% of c .

예를 들어, 수익의 약 80%는 20%의 고객으로부터 나온다.

10 On the o hand, r 80% of c are from 20% of customers.

한편, 불편신고의 80% 정도도 20%의 고객으로부터 나온다.

11 W does this all m to you?

이 모든 것이 당신에게 시사하는 바는 뭘까?

12 This rule can h you be more e and s .

이 법칙은 당신을 더 효율적이고 성공적이도록 도와줄 수 있다.

13 With the 80/20 Rule, you will know w to f your a for the best results.

80대 20의 법칙으로 당신은 최선의 결과를 위해 어디에 당신의 주의를 집중해야 할지를 알게 될 것이다.

14 So, f this principle to m your profits and m your risks.

따라서 당신의 수익을 극대화하고 위험을 최소화하기 위해 이 법칙을 따라 보라.

The Pygmalion Effect
피그말리온 효과

starting time	y m d :
finishing time	y m d :

MP3 05-01

Listen
잘 듣고 다음 이야기의 내용을 얼마나 이해할 수 있는지 확인해 보세요.

Step 2
MP3 05-02

Listen & Repeat
오디오를 들으면서 큰 소리로 따라 말해 보세요.
듣고 따라 말할 때는 의미를 생각하면서 말하려고 노력하세요.

스크립트 보면서 듣고 따라 말하기
1☐ 2☐ 3☐ 4☐ 5☐ 6☐ 7☐ 8☐

스크립트 안 보고 듣고 따라 말하기
1☐ 2☐ 3☐ 4☐ 5☐ 6☐ 7☐ 8☐

/ 끊어 읽기 **볼드** 강세를 두어 읽는 부분 ◡ 연음

1 Do you **believe** / that **thoughts become things**?
당신은 믿는가? 생각이 사실이 된다는 걸

2 If **you do**, / then you are a **believer** / in the **Pygmalion Effect**.
당신이 믿는다면 그렇다면 당신은 믿는 사람이다 피그말리온 효과를

3 **It** can be **defined** / as **'self-fulfilling prophecy**.'
이 효과는 정의될 수 있다 자성예언(自成豫言)으로

4 The **Pygmalion Effect says** / that the **greater** the **expectation**
피그말리온 효과에 의하면 사람에게 더 큰 기대를 걸면 걸수록

put on **people**, / the **better** they **perform**.
그들은 더 잘하게 된다

5 For **example**, / **suppose** /
예를 들어 가정해보자

it's the **ninth inning** of a
선수권대회 야구 경기에서 9회 말 상황이라고

championship baseball game.

6 **Your team** is **behind** / by **one point**.
당신 팀이 지고 있다 한 점 차로

7 The **next batter** is the
다음 타자는 '스타' 타자이다

'star' batter / and **everyone**
그리고 모든 사람이 그가

expects him to **hit** a **home run**.
홈런을 칠 걸로 기대를 하고 있다

8 Well, / because of this **great expectation**, / he is **very likely** to
어 이런 큰 기대로 인해 그는 십중팔구 홈런을 칠 것이다

hit that **home run**.

9 **Now**, / the **opposite** of the **Pygmalion Effect** / is **called** the
이제 이 피그말리온 효과의 반대는 골렘 효과라 불린다

Golem Effect.

10 **Replace** the **best player** / with the **worst player** on the **team**.
최고의 선수를 교체해보자 팀에서 최악의 선수로

11 **Everyone expects** the **worst player** to **strike out** / from **pres-**
모든 사람이 그 최악의 선수가 삼진아웃될 걸로 예상한다 경기 승리에 대한

sure to **win** the **game**.
부담감으로

12 **Because** he **knows this**, / it is **very likely** / that he **won't hit** a
그도 이것을 알기 때문에 ~할 가능성이 크다 그 타자는 홈런을 치지 못하게 될

home run.

13 The **team** will **lose** / and **everyone** will **say**, / "I **told you**
팀은 지게 될 것이다 그리고 모든 사람은 말할 것이다 "그가 삼진아웃될

he'd **strike out**."
거라고 내가 그랬지."라고

14 But / **what if** everybody **expected** / the **worst player** to **hit** a
그런데 만약 모든 사람이 예상을 하면 어떻게 되겠는가? 그 최악의 타자가 홈런을 칠 걸로

home run?

15 **Then** / the **outcome** would **likely** have been **different**.
그러면 결과는 아마도 좀 달라지게 될 것이다

16 **So** / when you **expect** the **best** from **people**, / you **usually**
그러니 당신이 사람들로부터 최상을 예상한다면 대개 당신은 최고의 것을

get the **best**.
얻게 된다

Words & Expressions

define 정의하다 | self-fulfilling 자기 충족적인 | prophecy 예언 | expectation 기대, 예상 | inning (야구에서) 한 회 | opposite 정반대 | replace 바꾸다 | pressure 압력 | outcome 결과

Shadow speak

낭독 훈련을 충분히 하여 문장이 어느 정도 입에 붙었다면, 이번에는 스크립트 없이 오디오를 들으면서 한 박자 천천히 섀도우스피킹(그림자 따라 말하기)을 해 보세요.

섀도우스피킹을 할 때에는 따라 말하면서 오디오에서 나오는 소리를 동시에 들어야 합니다.

MP3 05-01

1 □ 2 □ 3 □ 4 □ 5 □ 6 □ 7 □ 8 □

Questions & Answers

스토리에 나온 문장을 활용하여 질문에 답해 보세요.

1 **How** can we describe the Pygmalion Effect in one sentence?

▸ The greater

2 **Why** is the 'star' batter likely to hit a home run?

▸ Because everyone expects

3 **What** lesson can we learn from the Pygmalion Effect?

▸ When you expect

Summarize

앞서 낭독 훈련한 스토리의 중심 생각을 담아 요약해서 말해 보세요.

MP3 05-03

The Pygmalion Effect says that the greater the expectation put on people, the better they perform. While underestimating people, don't expect different results.
If you have high expectations of people around you, you're likely to get their best.

Storytelling

앞서 낭독 훈련한 스토리를 기억하여 실제로 스토리텔링할 수 있는지 빈칸에 알맞은 말을 넣어 스토리텔링해 보세요. 기억이 잘 안 난다면 우리말 해석을 보고 빈칸을 채워서 말해 보세요.

1 Do you believe that t______ become t______?	당신은 생각이 사실이 된다는 걸 믿는가?
2 I______ you do, then you are a b______ in the Pygmalion E______.	당신이 믿는다면 그렇다면 당신은 피그말리온 효과를 믿는 사람이다.
3 It can be defined as 's______ p______.'	이 효과는 자성예언(自成豫言)으로 정의될 수 있다.
4 The Pygmalion E______ says that the greater the e______ put on p______, the better they p______.	피그말리온 효과에 의하면 사람에게 더 큰 기대를 걸면 걸수록 그들은 더 잘하게 된다.
5 For example, s______ it's the n______ inning of a championship baseball g______.	예를 들어, 선수권대회 야구 경기에서 9회 말 상황이라고 가정해보자.
6 Your team is b______ by one p______.	당신 팀이 한 점차로 지고 있다.
7 The next batter is the 'star' b______ and everyone e______ him to h______ a home run.	다음 타자는 '스타' 타자이고 모든 사람이 그가 홈런을 칠 걸로 기대를 하고 있다.
8 Well, b______ of this great e______, he is very l______ to hit that h______.	어, 이런 큰 기대로 인해 그는 십중팔구 홈런을 칠 것이다.

9 Now, the o of the Pygmalion Effect is c the Golem E .

이제, 이 피그말리온 효과의 반대는 골렘 효과라 불린다.

10 R the best player w the w player on the t .

팀에서 최고의 선수를 최악의 선수로 한번 교체해보자.

11 Everyone e the worst player to s out from p to w the game.

모든 사람이 그 최악의 선수가 경기 승리에 대한 부담감으로 삼진아웃될 걸로 예상한다.

12 B he knows this, it is very l that he w hit a home run.

그도 이것을 알기에 그 타자는 홈런을 치지 못할 가능성이 크다.

13 The team will l and everyone will say, "I told you he'd s out."

팀은 지게 되고 모든 사람은 "그가 삼진아웃될 거라고 내가 그랬지."라고 말할 것이다.

14 But w if everybody expected the w player t hit a home run?

그런데 만약 모든 사람이 그 최악의 타자가 홈런을 칠 걸로 예상을 하면 어떻게 되겠는가?

15 Then the o would likely have been d .

그러면 결과는 아마도 좀 달라지게 될 것이다.

16 So w you expect the b from people, you usually get the b .

그러니 당신이 사람들로부터 최상을 예상한다면 대개 당신은 최고의 것을 얻게 된다.

Boston Matrix

보스턴 매트릭스

starting time	y m d :
finishing time	y m d :

MP3 06-01

Listen

잘 듣고 다음 이야기의 내용을 얼마나 이해할 수 있는지 확인해 보세요.

Step 2

MP3 06-02

Listen & Repeat

오디오를 들으면서 큰 소리로 따라 말해 보세요.

듣고 따라 말할 때는 의미를 생각하면서 말하려고 노력하세요.

스크립트 보면서 듣고 따라 말하기

1☐ 2☐ 3☐ 4☐ 5☐ 6☐ 7☐ 8☐

스크립트 안 보고 듣고 따라 말하기

1☐ 2☐ 3☐ 4☐ 5☐ 6☐ 7☐ 8☐

/ 끊어 읽기 **볼드** 강세를 두어 읽는 부분 ◡ 연음

1 **Before** you **discontinue** a **product**, / you should **consider** the **Boston Matrix**.

당신이 한 제품의 생산을 중단하기 전에 / 당신은 보스턴 매트릭스를 고려해봐야 한다

2 This is a **marketing tool** / that **shows how successful** a **product** is / in the **marketplace**.

이 매트릭스는 마케팅 툴이다 / 한 제품이 얼마나 성공적인지를 보여주는 / 시장에서

3 By **studying** its **sales** and **competition**, / you will **know** /
제품의 매출과 경쟁을 살펴봄으로써 당신은 알 것이다

where it **fits** on the **matrix**.
제품이 그 매트릭스상 어디에 속할지

4 **This** can **tell** you / **what** to **do** / with the **product** or **service**.
이 툴은 당신에게 말해줄 수 있다 무엇을 해야 할지 제품이나 서비스에 대해

5 For **instance**, / a **product** that's a **cash cow** / has **great**
예를 들어 캐시 카우인 제품은 큰 시장점유율을

market share / in a **slow growth market**.
차지하고 있다 저성장 시장에서

6 It's a **steady money earner**.
이 제품은 꾸준한 자금원이다

7 The **opposite** of a **cash cow** is a **dog**.
캐시 카우의 정반대는 도그이다

8 It has **very little market share** / in a **slow growth market**.
이것은 아주 적은 시장점유율을 차지한다 저성장 시장에서

9 **Most companies** get **rid** of **dogs** / because they **usually just**
대부분의 기업들이 도그를 제거해버린다 도그 제품은 대개 그냥 "수지만 맞추는 정도"이기 때문

"break even."
이다

10 If a **product**'s a **question mark**, / then / it has **low market**
어떤 제품이 의문부호라면 그러면 그 제품은 적은 시장점유율을 차지

share / in a **high growth market.**
한다 고성장 시장에서

11 A **question mark** is **considered risky**.
의문부호 제품은 위험성이 있다고 여겨진다

12 **Lastly,** / a **star** is **something** / that **has** a **lot** of **potential**.
마지막으로 스타는 ~한 제품이다 많은 가능성이 있는

13 **It** could **bring** in **great profit** / in a **fast growing market**.
그것은 큰 수익을 가져다 줄 수 있다 급성장하는 시장에서

14 **However,** / **stars** often **require** / a **lot** of **money** for **funding**.
하지만 스타는 종종 필요로 한다 엄청난 자금 지원을

15 **So** / **when** you have to **make** a **decision** / about a **product,** /
그러니 당신이 의사결정을 해야 할 때면 한 제품에 대해

remember this **Boston Matrix.**
이 보스턴 매트릭스를 떠올려보라

Words & Expressions

discontinue 생산을 중단하다 | matrix (수학의) 행렬 | competition 경쟁 | fit 맞다, 적합하다 | for instance 예를 들어 | cash cow 돈벌이가 되는 사업/상품, (사업의) 흑자 부문 | market share 시장점유율 | growth 성장 | steady 꾸준한, 변함없는 | dog (질.성능 등에서) 형편없는 것 | break even 본전치기하다 | risky 위험한 | potential 가능성 | require 요구하다 | funding 자금, 재정지원 | decision 결정

Step 3

MP3 06-01

Shadow speak

낭독 훈련을 충분히 하여 문장이 어느 정도 입에 붙었다면, 이번에는 스크립트 없이 오디오를 들으면서 한 박자 천천히 섀도우스피킹(그림자 따라 말하기)을 해 보세요.

섀도우스피킹을 할 때에는 따라 말하면서 오디오에서 나오는 소리를 동시에 들어야 합니다.

1☐ 2☐ 3☐ 4☐ 5☐ 6☐ 7☐ 8☐

Questions & Answers

스토리에 나온 문장을 활용하여 질문에 답해 보세요.

1 **What** is the Boston Matrix?

▸ This is a

2 **Why** do most companies get rid of dogs?

▸ Because they

3 **When** would you need this Boston Matrix?

▸ When you have to

Summarize

앞서 낭독 훈련한 스토리의 중심 생각을 담아 요약해서 말해 보세요.

MP3 06-03

The Boston Matrix is a product portfolio evaluation tool. It categorizes products into cash cows, dogs, question marks, or stars.

While cash cows have great market share and stars have potential, dogs and question marks have little market share.

You want your products to be either cash cows or stars since these will make the most profit.

Step 4 **Storytelling**

앞서 낭독 훈련한 스토리를 기억하여 실제로 스토리텔링할 수 있는지 빈칸에 알맞은 말을 넣어 스토리텔링해 보세요. 기억이 잘 안 난다면 우리말 해석을 보고 빈칸을 채워서 말해 보세요.

1 Before you d______ a product, you should c______ the Boston M______.	당신이 한 제품의 생산을 중단하기 전에 당신은 보스턴 매트릭스를 고려해 봐야 한다.
2 This is a m______ tool that shows how s______ a product is in the m______.	이 매트릭스는 한 제품이 시장에서 얼마나 성공적인지를 보여주는 마케팅 툴이다.
3 B______ studying its s______ and c______, you will know where it f______ on the matrix.	제품의 매출과 경쟁을 살펴봄으로써 당신은 제품이 그 매트릭스상 어디에 속할지 알 것이다.
4 This can tell you w______ to do with the p______ or s______.	이 툴은 제품이나 서비스에 대해 무엇을 해야 할지 당신에게 말해줄 수 있다.
5 For i______, a product that's a c______ has g______ market share in a s______ growth market.	예를 들어, 캐시 카우인 제품은 저성장 시장에서 큰 시장점유율을 차지하고 있다.
6 It's a steady m______ e______.	이 제품은 꾸준한 자금원이다.
7 The o______ of a cash cow is a d______.	캐시 카우의 정반대는 도그이다.

8 It has very little m s in a slow growth market.

이것은 저성장 시장에서 아주 적은 시장점유율을 차지한다.

9 Most companies get r of dogs b they usually just "b e ."

도그 제품은 대개 그냥 "수지만 맞추는 정도"이기 때문에 대부분의 기업들이 도그를 제거해버린다.

10 If a product's a q , then it has l market share in a h growth market.

어떤 제품이 의문부호라면 그러면 그 제품은 고성장 시장에서 적은 시장점유율을 차지한다.

11 A question mark is considered r .

의문부호 제품은 위험성이 있다고 여겨진다.

12 Lastly, a s is something that has a lot of p .

마지막으로 스타는 많은 가능성이 있는 제품이다.

13 It could b in great p in a f growing market.

그것은 급성장하는 시장에서 큰 수익을 가져다 줄 수 있다.

14 H , stars often r a lot of money for f .

하지만 스타는 종종 엄청난 자금을 필요로 한다.

15 So w you have to make a d about a p , remember this B Matrix.

그러니 당신이 한 제품에 대해 의사결정을 해야 할 때면 이 보스턴 매트릭스를 떠올려보라.

Ockham's Razor
오컴의 면도날

starting time	y m d :
finishing time	y m d :

Step 1 MP3 07-01

Listen
잘 듣고 다음 이야기의 내용을 얼마나 이해할 수 있는지 확인해 보세요.

Step 2 MP3 07-02

Listen & Repeat
오디오를 들으면서 큰 소리로 따라 말해 보세요.
듣고 따라 말할 때는 의미를 생각하면서 말하려고 노력하세요.

스크립트 보면서 듣고 따라 말하기
1☐ 2☐ 3☐ 4☐ 5☐ 6☐ 7☐ 8☐

스크립트 안 보고 듣고 따라 말하기
1☐ 2☐ 3☐ 4☐ 5☐ 6☐ 7☐ 8☐

/ 끊어 읽기 **볼드** 강세를 두어 읽는 부분 ◡ 연음

1 Have you **ever thought** / that the **simplest answer** is often **best**?
당신은 생각을 해본 적이 있는가? 가장 단순한 답이 종종 최선이라는

2 **Experience tells** us / **this** is **true**.
경험이 우리에게 말해주고 있다 이것이 사실임을

3 **Ockham's Razor** is the **principle** / of **choosing** the **simplest theory** or **solution**.
오컴의 면도날은 원칙이다 가장 단순한 이론이나 해결책을 선택하는

4 **William Ockham** was an **English philosopher** / and
윌리엄 오컴은 영국의 철학자였다 그리고

theologian.
신학자

5 He **believed** / you must **remove unnecessary assumptions** /
그는 믿었다 당신이 불필요한 가정들은 제거해야 한다고

when **looking** for a **solution**.
해결책을 찾을 때

6 **This** is **why** we **call** it **Ockham's Razor**, / since you
그래서 우리는 이 원칙을 오컴의 면도날이라 부른다 왜냐하면 당신은

cut away / what you **don't need**.
잘라버리기 때문이다 당신이 필요로 하지 않는 것을

7 **How** can **this help** you /
이 원칙이 어떻게 당신에게 도움이 될까?

in **business**?
비즈니스에서

8 **Try** to **simplify** /
단순화시켜보라

aspects of your **business**.
당신 사업의 여러 측면들을

9 **Are** your **business rules** and **principles** / **easy** to **follow**?
당신의 사업 규정이나 방침들은 ~인가? 지키기 쉬운

10 The **more complex** your **business rules** are, / the **more**
당신의 회사 규정이 더 복잡하면 할수록 당신 직원들은 더 많은

problems your **staff** will have / **managing them**.
문제를 안게 될 것이다 그것들을 관리하는 데

11 **What** about your **customers**?
당신 고객들 쪽은 어떤가?

12 When you **simplify** your **products**, / it **becomes easier** for
당신이 당신의 제품을 단순화할 때 / 고객들은 구매하기가 더 쉬워진다

them to **buy**.

13 **Is** your **company website** / **simple** and **easy** to **use**?
당신 회사의 웹사이트는 ~인가? / 사용하기에 쉽고 간편한

14 **Find** what you **don't need** / and **get rid** of it.
당신에게 불필요한 것을 찾으라 / 그리고 그것을 제거하라

15 **People** really **appreciate simplicity** / in our **increasingly**
사람들은 정말로 단순함을 감사해 한다 / 우리들의 갈수록 복잡해지는 세상에서

complex world.

16 **Remember** the **acronym KISS** / — **Keep** It **Short** and **Simple**.
약어 KISS를 기억하라 / '짧고 단순하게 유지하라'는

Words & Expressions

solution 해결책, 방안 | philosopher 철학자 | theologian 신학자 | remove 제거하다 | unnecessary 불필요한 | assumption 가정, 추정 | simplify 단순화시키다 | aspect 측면, 양상 | complex 복잡한 | appreciate 감사하다 | simplicity 단순함, 간결 | increasingly 점점 더, 갈수록 | acronym 약어

MP3 07-01

Step 3 Shadow speak

낭독 훈련을 충분히 하여 문장이 어느 정도 입에 붙었다면, 이번에는 스크립트 없이 오디오를 들으면서 한 박자 천천히 섀도우스피킹(그림자 따라 말하기)을 해 보세요.

섀도우스피킹을 할 때에는 따라 말하면서 오디오에서 나오는 소리를 동시에 들어야 합니다.

1☐ 2☐ 3☐ 4☐ 5☐ 6☐ 7☐ 8☐

Questions & Answers

스토리에 나온 문장을 활용하여 질문에 답해 보세요.

1 **Who** was William Ockham?

▶

2 **Why** do we call it Ockham's "Razor"?

▶ Since you

3 **What** does the acronym KISS stand for here?

▶ It stands for '

MP3 07-03

Summarize

앞서 낭독 훈련한 스토리의 중심 생각을 담아 요약해서 말해 보세요.

Ockham's Razor is the idea that we should choose the simplest way.
We tend to complicate matters with unnecessary assumptions.
Try to simplify aspects of your business to make it easier for everyone.

Storytelling

앞서 낭독 훈련한 스토리를 기억하여 실제로 스토리텔링할 수 있는지 빈칸에 알맞은 말을 넣어 스토리텔링해 보세요. 기억이 잘 안 난다면 우리말 해석을 보고 빈칸을 채워서 말해 보세요.

1 Have you ever thought that the s________ answer is often b________?

당신은 가장 단순한 답이 종종 최선이라는 생각을 해본 적이 있는가?

2 E________ tells us this is t________.

이게 사실임을 경험이 우리에게 말해 주고 있다.

3 Ockham's R________ is the principle of c________ the s________ theory or s________.

오컴의 면도날은 가장 단순한 이론이나 해결책을 선택하는 원칙이다.

4 William Ockham was an English p________ and t________.

윌리엄 오컴은 영국의 철학자이자 신학자였다.

5 He believed you must r________ unnecessary a________ when looking for a s________.

그는 당신이 해결책을 찾을 때 불필요한 가정들은 제거해야 한다고 믿었다.

6 This is w________ we call it Ockham's R________, since you c________ away what you d________ need.

그래서 우리는 이 원칙을 오컴의 면도날이라 부른다. 왜냐하면 당신은 당신이 필요로 하지 않는 것을 잘라버리기 때문이다.

7 How can this h________ you in b________?

그럼 이 원칙이 비즈니스에서 어떻게 당신에게 도움이 될까?

8 Try to s a of your business.

당신 사업의 여러 측면들을 단순화시켜보라.

9 Are your business r and p easy to f ?

당신 사업 규정이나 방침들은 지키기 쉬운가?

10 The more c your business rules are, the m p your staff will have m them.

당신의 사업 규정이 더 복잡하면 할수록 당신 직원들은 그것들을 관리하는 데 더 많은 문제를 안게 될 것이다.

11 What about your c ?

당신 고객들 쪽은 어떤가?

12 When you s your p , it becomes e for them to buy.

당신이 당신의 제품을 단순화할 때 고객들은 구매하기가 더 쉬워진다.

13 Is your company website s and e to use?

당신 회사의 웹사이트는 사용하기에 쉽고 간편한가?

14 F what you don't need and g r o it.

당신에게 불필요한 것을 찾고 그것을 제거하라.

15 People really a simplicity in our i complex world.

갈수록 복잡해지는 우리들 세상에서 사람들은 정말로 단순함을 감사해 한다.

16 Remember the a KISS — Keep It S and S .

'짧고 단순하게 유지하라'는 약어 KISS를 기억하라.

The 3-2-1 Rule

3-2-1의 법칙

starting time	y　　m　　d　　　　:
finishing time	y　　m　　d　　　　:

MP3 08-01

Listen

잘 듣고 다음 이야기의 내용을 얼마나 이해할 수 있는지 확인해 보세요.

Step 2

MP3 08-02

Listen & Repeat

오디오를 들으면서 큰 소리로 따라 말해 보세요.

듣고 따라 말할 때는 의미를 생각하면서 말하려고 노력하세요.

스크립트 보면서 듣고 따라 말하기

1☐ 2☐ 3☐ 4☐ 5☐ 6☐ 7☐ 8☐

스크립트 안 보고 듣고 따라 말하기

1☐ 2☐ 3☐ 4☐ 5☐ 6☐ 7☐ 8☐

/ 끊어 읽기　　**볼드** 강세를 두어 읽는 부분　　‿ 연음

1 There's a **saying** / that "**God gave** you **two ears** and **one mouth** / for a **reason**."

이런 말이 있다 "신은 당신에게 귀는 두 개, 입은 하나를 주셨다 어떤 이유가 있어"라는

2 It **basically tells** us / that the **key** to **good communication** / is '**listening**.'

기본적으로 이것은 우리에게 알려준다 좋은 커뮤니케이션의 핵심은 '경청'이라고

3 In the **business world**, / this **principle** is **known** / as the
비즈니스 세계에서 이 원칙은 알려져 있다

3-2-1 Rule.
3-2-1의 법칙으로

4 **Following** this **rule means** / you have to **listen** for
이 법칙을 지킴은 의미한다 당신이 3분 동안 경청해야 한다

3 minutes, / **agree** for **2 minutes**, / and **talk** for **1 minute**.
2분 동안 동의한다 그리고 1분 동안 얘기한다는 것을

5 You'd **find** / many **good communicators practice** this **rule** /
당신은 알게 될 것이다 많은 훌륭한 의사소통자들이 이 법칙을 실천한다는 것을

all the **time**.
항상

6 **Excellent salespeople,** / **negotiators** / or **debaters do this** /
탁월한 세일즈맨들 협상가들 또는 토론자들은 이것을 행한다

one way or **another**.
어떤 형태로든

7 **How** does it **work**, / you **ask**?
이 법칙이 어떻게 작동하는지 궁금한가?

8 Well, / by **listening** for **3 minutes** / you can **determine**
음 3분 동안 경청을 함으로써 당신은 상대방이 원하는 게 뭔지를 판단할 수 있다

what **people want**.

9 **Agreeing** for **2 minutes** / **makes** them **feel** / **you understand**
2분 동안 동의를 하는 것은 그들이 느끼도록 해준다 당신이 그들의 욕구를 이해하고

their **needs**.
있음을

10 **Finally**, / **talking** for a **minute** / **allows** you to **address** those
마지막으로 1분 동안 얘기를 하는 것은 당신이 그러한 욕구를 다룰 수 있게 해준다

needs.

11 **Next time**, / in a **challenging negotiation**, / **try** this **3-2-1 Rule**.
나중에 쉽지 않은 협상에서 이 3-2-1 법칙을 활용해보라

12 **You** may be **pleasantly surprised** / at the **positive outcome**.
당신은 기분 좋게 놀라워할지도 모른다 긍정적인 결과가 나오는 것에 대해

Words & Expressions

for a reason 어떤 이유로 | practice 실행하다, 실천하다 | negotiator 협상가 | debater 토론자, 논객 | one way or another 어떻게 해서든, 그럭저럭 | determine 알아내다, 결정하다 | address (문제, 상황을) 다루다 | challenging 도전적인, 힘겨운 | pleasantly 기분 좋게 | outcome 결과

Step 3

MP3 08-01

Shadow speak

낭독 훈련을 충분히 하여 문장이 어느 정도 입에 붙었다면, 이번에는 스크립트 없이 오디오를 들으면서 한 박자 천천히 섀도우스피킹(그림자 따라 말하기)을 해 보세요.

섀도우스피킹을 할 때에는 따라 말하면서 오디오에서 나오는 소리를 동시에 들어야 합니다.

1 ☐ 2 ☐ 3 ☐ 4 ☐ 5 ☐ 6 ☐ 7 ☐ 8 ☐

Questions & Answers

스토리에 나온 문장을 활용하여 질문에 답해 보세요.

1 **What** does 'following this rule' mean?

▸ You have to ....

2 **How** can you determine what people want?

▸ By ....

3 **Where** is it suggested that you try the 3-2-1 Rule?

▸ In ....

MP3 08-03

Summarize

앞서 낭독 훈련한 스토리의 중심 생각을 담아 요약해서 말해 보세요.

The 3-2-1 Rule is an effective method for communicating.
It means to listen for 3 minutes, agree for 2 minutes, and talk for 1 minute.
Try it the next time you are talking with someone in a meeting or negotiation.

Step 4 Storytelling

앞서 낭독 훈련한 스토리를 기억하여 실제로 스토리텔링할 수 있는지 빈칸에 알맞은 말을 넣어 스토리텔링해 보세요. 기억이 잘 안 난다면 우리말 해석을 보고 빈칸을 채워서 말해 보세요.

1 There's a s______ that "God gave you two e______ and one m______ for a reason."

"신은 당신에게 어떤 이유가 있어 귀는 두 개, 입은 하나를 주셨다."라는 이런 말이 있다.

2 It b______ tells us that the k______ to good c______ is 'l______.'

기본적으로 이것은 우리에게 좋은 커뮤니케이션의 핵심은 '경청'이라고 알려준다.

3 In the b______ world, this p______ is known a______ the 3-2-1 R______.

비즈니스 세계에서 이 원칙은 3-2-1의 법칙으로 알려져 있다.

4 F______ this rule means you have to l______ for 3 minutes, a______ for 2 minutes, and t______ for 1 minute.

이 법칙을 지킴은 당신이 3분 동안 경청하고, 2분 동안 동의하고, 1분 동안 얘기해야 한다는 것을 의미한다.

5 You'd f______ many g______ communicators p______ this rule all the t______.

당신은 많은 훌륭한 의사소통자들이 이 법칙을 항상 실천한다는 것을 알게 될 것이다.

6 Excellent salespeople, n______ or d______ do this o______ w______ or a______.

탁월한 세일즈맨들, 협상가들, 또는 토론자들은 어떤 형태로든 이것을 행한다.

7 H does it w , you ask?

이 법칙이 어떻게 작동하는지 궁금한가?

8 Well, b listening for 3 m you can d what people w .

음, 3분 동안 경청을 함으로써 당신은 상대방이 원하는 게 뭔지를 판단할 수 있다.

9 A for 2 minutes makes t feel you u their n .

2분 동안 동의를 하는 것은 당신이 그들의 욕구를 이해하고 있음을 그들이 느끼도록 해준다.

10 Finally, t for a minute a you to a those needs.

마지막으로, 1분 동안 얘기를 하는 것은 당신이 그러한 욕구를 다룰 수 있게 해준다.

11 Next time, in a c n , t this 3-2-1 Rule.

나중에, 쉽지 않은 협상에서 이 3-2-1 법칙을 활용해보라.

12 You may be pleasantly s at the p o .

당신은 긍정적인 결과가 나오는 것에 대해 기분 좋게 놀라워할지도 모른다.

Murphy's Law and Sally's Law

머피의 법칙, 샐리의 법칙

starting time	y m d :
finishing time	y m d :

MP3 09-01

Listen

잘 듣고 다음 이야기의 내용을 얼마나 이해할 수 있는지 확인해 보세요.

Step 2

MP3 09-02

Listen & Repeat

오디오를 들으면서 큰 소리로 따라 말해 보세요.

듣고 따라 말할 때는 의미를 생각하면서 말하려고 노력하세요.

스크립트 보면서 듣고 따라 말하기

1 ☐ 2 ☐ 3 ☐ 4 ☐ 5 ☐ 6 ☐ 7 ☐ 8 ☐

스크립트 안 보고 듣고 따라 말하기

1 ☐ 2 ☐ 3 ☐ 4 ☐ 5 ☐ 6 ☐ 7 ☐ 8 ☐

/ 끊어 읽기 **볼드** 강세를 두어 읽는 부분 ‿ 연음

1 You **start** taking a **shower** / and the **phone rings**.

당신이 샤워를 시작한다 그리고 전화가 울린다

2 The **cashier line** you **choose** / at the **supermarket** / takes the **longest**.

당신이 선택한 계산대 줄이 슈퍼마켓에서 제일 오래 걸린다

3 You **need** to **print something quickly** / and there's **no paper** in the **printer**.

당신이 빨리 뭔가를 프린트해야 한다 그런데 프린터에 종이가 다 떨어졌다

4 **Anything** that can **go wrong** / goes **wrong**.
나쁘게 될 가능성이 있는 것이 실제로 안 좋게 된다

5 **Usually** / at the **worst possible time**.
대개 생각할 수 있는 최악의 순간에

6 **You** might **experience this** / in **everyday life**.
당신은 이런 걸 경험할 수도 있다 일상에서

7 **That**'s **Murphy's Law**.
이게 머피의 법칙이다

8 But / have you **heard** of **Sally's Law**?
그러나 당신은 샐리의 법칙에 대해 들어본 적이 있는가?

9 **It's** where you may **experience** a **problem** / but to your **advantage**.
이 법칙은 당신이 어떤 문제를 경험할 수도 있는 곳에서 일어난다 그런데 당신에게 유리한 쪽으로

10 **You** are **late catching** the **bus**, / but the **bus arrives later** than you.
당신이 버스 시간에 늦었다 그런데 그 버스가 당신보다 더 늦게 도착한다

11 **You** are **working** on a **report** / for your **boss** / and **can't meet** the **deadline**.
당신이 보고서 작업을 하고 있다 / 상사에게 올릴 / 그리고 마감 시간을 맞출 수 없다

12 **Then** / **he has** an **unexpected business trip** / and **now** you have **more time** / to **finish** the **report**.
그때 / 상사가 예기치 않은 출장이 생긴다 / 그리고 이제 당신은 여유 시간이 생긴다 / 보고서를 마칠

13 **But** you **know what**? / These **laws** are **not 100% accurate**.
그런데 말이다 / 이런 머피나 샐리의 법칙은 100퍼센트 정확하진 않다

14 In **life**, / **good** and **bad things** / **randomly happen**.
삶에서 / 좋은 일과 나쁜 일은 / 무작위로 발생한다

15 The **important thing** to **remember** / is to be **positive** / in **any situation**.
기억해야 할 중요한 점은 / 긍정적 태도를 가지는 것이다 / 어떤 상황에서라도

16 **As** the **French say** / **— c'est la vie** (**That**'s **life**).
프랑스 사람들이 말하듯 / '셀라비, 그런 게 인생'이니까

Words & Expressions

take a shower 샤워를 하다 | cashier line 계산대 줄 | advantage 유리한 점 | meet the deadline 마감시한에 맞추다 | unexpected 예상치 못한 | business trip 출장 | accurate 정확한 | randomly 무작위로

Step 3

MP3 09-01

Shadow speak

낭독 훈련을 충분히 하여 문장이 어느 정도 입에 붙었다면, 이번에는 스크립트 없이 오디오를 들으면서 한 박자 천천히 섀도우스피킹(그림자 따라 말하기)을 해 보세요.

섀도우스피킹을 할 때에는 따라 말하면서 오디오에서 나오는 소리를 동시에 들어야 합니다.

1☐ 2☐ 3☐ 4☐ 5☐ 6☐ 7☐ 8☐

Questions & Answers

스토리에 나온 문장을 활용하여 질문에 답해 보세요.

1 **When** does Murphy's Law usually happen?

▸ Usually at

2 **How** can we describe Sally's Law in one sentence?

▸ It's where you

3 **What** is the important thing to remember?

▸ It is to

MP3 09-03

Summarize

앞서 낭독 훈련한 스토리의 중심 생각을 담아 요약해서 말해 보세요.

We know that Murphy's Law is that anything that can go wrong goes wrong.
But there is also Sally's Law which is that when something goes wrong, it can actually help you.
Despite these laws, it's important to accept the good and the bad as it comes and be positive in any situation.

Storytelling
앞서 낭독 훈련한 스토리를 기억하여 실제로 스토리텔링할 수 있는지 빈칸에 알맞은 말을 넣어 스토리텔링해 보세요. 기억이 잘 안 난다면 우리말 해석을 보고 빈칸을 채워서 말해 보세요.

1 You start t_____ a shower and the phone r_____.	당신이 샤워를 시작하고 전화가 울린다.
2 The c_____ line you c_____ at the supermarket takes the l_____.	슈퍼마켓에서 당신이 선택한 계산대 줄이 제일 오래 걸린다.
3 You n_____ to print something q_____ and there's no p_____ in the p_____.	당신이 빨리 뭔가를 프린트해야 하는데 프린터에 종이가 다 떨어졌다.
4 A_____ that can go w_____ goes w_____.	나쁘게 될 가능성이 있는 것이 실제로 안 좋게 된다.
5 U_____ at the w_____ possible time.	대개 생각할 수 있는 최악의 순간에.
6 You might e_____ this in e_____ life.	당신은 이런 걸 일상에서 경험할 수도 있다.
7 That's M_____ L_____.	이게 머피의 법칙이다.
8 But have you h_____ of S_____ Law?	그러나 당신은 샐리의 법칙에 대해 들어본 적이 있는가?

9 It's where you may e a problem b to your a .

이 법칙은 당신이 어떤 문제를 당신에게 유리한 쪽으로 경험할 수도 있는 곳에서 일어난다.

10 You are l catching the bus, but the bus a l than you.

당신이 버스 시간에 늦었는데 그 버스가 당신보다 더 늦게 도착한다.

11 You are w on a r for your boss and can't m the d .

당신이 상사에게 올릴 보고서 작업을 하고 있는데 마감 시간을 맞출 수 없다.

12 Then he has an u business t and now you have m time to f the report.

그때 상사가 예기치 않은 출장이 생겨 이제 당신은 보고서를 마칠 여유 시간이 생긴다.

13 But you know w ? These laws are not 100% a .

그런데 말이다. 이런 머피나 샐리의 법칙은 100퍼센트 정확하진 않다.

14 In l , good and b things r happen.

삶에서 좋은 일과 나쁜 일은 무작위로 발생한다.

15 The i thing to r is to be p in any s .

기억해야 할 중요한 점은 어떤 상황에 서라도 긍정적 태도를 가지는 것이다.

16 A the French s — c'est la vie (That's l).

프랑스 사람들이 말하듯 '셀라비 – 그런 게 인생'이니까.

McNamara Fallacy
맥나마라 오류

starting time	y m d :
finishing time	y m d :

MP3 10-01

Listen
잘 듣고 다음 이야기의 내용을 얼마나 이해할 수 있는지 확인해 보세요.

Step 2
MP3 10-02

Listen & Repeat
오디오를 들으면서 큰 소리로 따라 말해 보세요.
듣고 따라 말할 때는 의미를 생각하면서 말하려고 노력하세요.

스크립트 보면서 듣고 따라 말하기
1☐ 2☐ 3☐ 4☐ 5☐ 6☐ 7☐ 8☐

스크립트 안 보고 듣고 따라 말하기
1☐ 2☐ 3☐ 4☐ 5☐ 6☐ 7☐ 8☐

/ 끊어 읽기 **볼드** 강세를 두어 읽는 부분 ◡ 연음

1 It's **easy** / to **measure** a **company's production**.
그것은 쉽다 기업의 생산성을 측정하는 것

2 **Higher profit means** / the **company** is **doing better**.
더 높은 수익은 의미한다 그 기업이 잘하고 있다는 것을

3 It **shows** / that the **employees** are **productive**.
이것은 보여준다 직원들이 생산적이라는 것을

4 **So** / a **manager** would **think** / **everything** is **OK**.
그래서 매니저는 생각할 것이다 모든 게 잘 돌아가고 있다고

5 **But** / **what if** the **employees** are **not satisfied** / with their **jobs**?
하지만 만약 직원들이 만족하지 않는다면 어떻겠는가? 자신들의 업무에

6 The **company** will eventually **lose good employees** / and
그 기업은 결국 좋은 직원들을 잃게 될 것이다 그리고

suffer a **downturn**.
침체를 겪을 것이다

7 **How** can we **explain** / this **phenomenon**?
우리는 어떻게 설명할 수 있을까? 이런 현상을

8 The **former** U.S. **Defense Secretary**, McNamara **studied** /
전(前) 미국 국방장관 맥나마라는 연구를 했다

why America lost the **Vietnam war**.
왜 미국이 베트남전에서 패배했는지

9 He **developed** / what's **called** the **McNamara Fallacy**.
그는 개발했다 소위 '맥나마라 오류'라는 것을

10 It's about **leaders' tendency** / to **ignore** what's **hard** to
이것은 리더의 경향에 관한 것이다 측정하기 어려운 것을 무시하는

measure.

11 They **even think** / **something hard** to
리더들은 심지어 생각한다 측정하기 어려운 것은

measure / **isn't important**.
중요하지도 않다고

12 In the **end,** / they **overlook critical factors** / which could **lead** to **failure**.

결국 그들은 치명적 요인들을 간과한다 실패로 이어지게 될 수 있는

13 **Let's go back** / to **employee job satisfaction**.

다시 돌아가 보자 직원 업무 만족으로

14 It might be **hard** to **measure**, / but you **must find** a **way** / to **factor** it **in**.

그것은 측정하기가 쉽지 않을지도 모른다 하지만 당신은 방안을 반드시 찾아야 한다 그것을 고려해 넣을

15 **So** / if you are a **leader** in an **organization**, / you should **think** beyond the **facts**.

따라서 당신이 한 조직의 리더라면 당신은 사실 그 이상을 생각해야 한다

16 Or **else** / you will be **another victim** / of the **McNamara Fallacy**.

그렇지 않으면 당신은 또 다른 희생자가 될 것이다 맥나마라 오류의

Words & Expressions

measure 측정하다 | profit 수익 | be satisfied with ~에 만족해 하다 | eventually 결국 | suffer (고통을) 겪다 | downturn 침체, 하락 | phenomenon 현상 | former 이전의 | tendency 경향 | ignore 무시하다 | overlook 간과하다 | failure 실패 | job satisfaction 직무 만족 | factor ~ in ~을 고려해 넣다 | victim 희생자

MP3 10-01

Shadow speak

낭독 훈련을 충분히 하여 문장이 어느 정도 입에 붙었다면, 이번에는 스크립트 없이 오디오를 들으면서 한 박자 천천히 섀도우스피킹(그림자 따라 말하기)을 해 보세요.

섀도우스피킹을 할 때에는 따라 말하면서 오디오에서 나오는 소리를 동시에 들어야 합니다.

1 ☐ 2 ☐ 3 ☐ 4 ☐ 5 ☐ 6 ☐ 7 ☐ 8 ☐

Questions & Answers

스토리에 나온 문장을 활용하여 질문에 답해 보세요.

1 **Who** was McNamara?

▸ He was the

2 **What** is the McNamara Fallacy about?

▸ It's about

3 **How** should we go about employee job satisfaction?

▸ It might be

MP3 10-03

Summarize

앞서 낭독 훈련한 스토리의 중심 생각을 담아 요약해서 말해 보세요.

The McNamara Fallacy is the tendency of leaders to ignore what's hard to measure such as emotions. They even think something hard to measure isn't important, which can lead to many problems. **Remember that everything can be measured in some way even if it's not numbers or facts.**

Storytelling

앞서 낭독 훈련한 스토리를 기억하여 실제로 스토리텔링할 수 있는지 빈칸에 알맞은 말을 넣어 스토리텔링해 보세요. 기억이 잘 안 난다면 우리말 해석을 보고 빈칸을 채워서 말해 보세요.

1 It's easy to m______ a company's p______.	기업의 생산성을 측정하는 것은 쉽다.
2 H______ profit m______ the company is doing b______.	더 높은 수익은 그 기업이 잘하고 있다는 것을 의미한다.
3 It shows that the e______ are p______.	이것은 직원들이 생산적이라는 것을 보여준다.
4 So a m______ would think e______ is OK.	그래서 매니저는 모든 게 잘 돌아가고 있다고 생각할 것이다.
5 But w______ if the employees are not s______ with their jobs?	하지만 만약 직원들이 자신들의 업무에 만족하지 않는다면 어떻겠는가?
6 The c______ will eventually l______ good employees and s______ a d______.	그 기업은 결국 좋은 직원들을 잃게 될 것이고 침체를 겪을 것이다.
7 H______ can we explain this p______?	이런 현상을 우리는 어떻게 설명할 수 있을까?
8 The f______ U.S. Defense Secretary, McNamara s______ why America l______ the Vietnam war.	전(前) 미국 국방장관 맥나마라는 왜 미국이 베트남전에서 패배했는지 연구를 했다.

9 He developed what's c the M F.

그는 소위 '맥나마라 오류'라는 것을 개발했다.

10 It's about leaders' t to i what's hard to m.

이것은 측정하기 어려운 것을 무시하는 리더의 경향에 관한 것이다.

11 They e think something h to measure i important.

리더들은 심지어 측정하기 어려운 것은 중요하지도 않다고 생각한다.

12 In the end, they o c factors which could lead to f.

결국 그들은 실패로 이어지게 될 수 있는 치명적 요인들을 간과한다.

13 Let's go back to e j s.

직원 업무 만족으로 다시 돌아가 보자.

14 It might be h to measure, but you must f a way to f it in.

그것은 측정하기가 쉽지 않을지도 모르지만 당신은 그것을 고려해 넣을 방안을 반드시 찾아야 한다.

15 So if you are a l in an o, you s think b the facts.

따라서 당신이 한 조직의 리더라면 당신은 사실 그 이상을 생각해야 한다.

16 Or e you will be another v of the McNamara Fallacy.

그렇지 않으면 당신은 맥나마라 오류의 또 다른 희생자가 될 것이다.

Dodo Bird Extinction

도도새의 멸종

starting time	y m d :
finishing time	y m d :

Step 1
MP3 11-01

Listen

잘 듣고 다음 이야기의 내용을 얼마나 이해할 수 있는지 확인해 보세요.

Step 2
MP3 11-02

Listen & Repeat

오디오를 들으면서 큰 소리로 따라 말해 보세요.

듣고 따라 말할 때는 의미를 생각하면서 말하려고 노력하세요.

스크립트 보면서 듣고 따라 말하기

1 ☐ 2 ☐ 3 ☐ 4 ☐ 5 ☐ 6 ☐ 7 ☐ 8 ☐

스크립트 안 보고 듣고 따라 말하기

1 ☐ 2 ☐ 3 ☐ 4 ☐ 5 ☐ 6 ☐ 7 ☐ 8 ☐

/ 끊어 읽기 **볼드** 강세를 두어 읽는 부분 ◡ 연음

1 “**If** you **don’t use** it, / you **lose** it.”
“당신이 그것을 쓰지 않으면 당신은 그것을 잃어버린다.”

2 A **good example** of this **saying** / is the **story** of the **dodo bird**.
이 말의 좋은 사례가 도도새의 이야기이다

3 **It** used to **live** / on the **island** of **Mauritius**.
이 새는 한때 살았다 모리셔스 섬에

4 The **environment** was **perfect** / for the **birds**.
환경은 완벽했다 새들에게

5 There was **plenty** to **eat** / and **no predators**.
먹이는 풍부했다 그리고 천적도 없었다

6 **So** / the **dodo** birds **didn't** have to **use** their **wings**.
그래서 도도새는 날개를 쓸 필요가 없었다

7 The **wings became small** / and **eventually** they **lost** their **ability** / to **fly**.
날개는 작아졌다 그리고 결국 그들은 능력을 상실했다 날 수 있는

8 In the **16th century**, / the **island** was **discovered** / by **Dutch sailors**.
16세기에 섬은 발견됐다 네덜란드 뱃사람들에 의해

9 Having **never seen humans**, / the **birds** had **no fear** of them / and **didn't run away**.
사람들을 본 적이 없어 그 새들은 그들에 대한 두려움이 없었다 그리고 도망도 가지 않았다

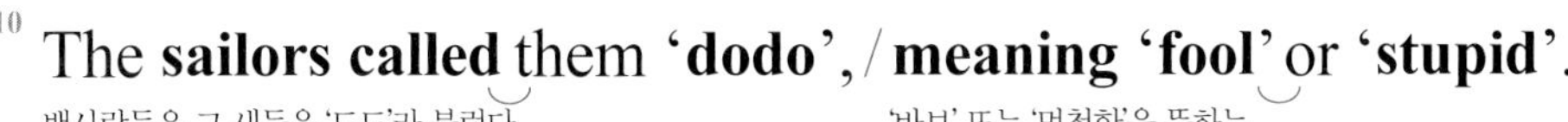

10 The **sailors called** them **'dodo'**, / **meaning 'fool'** or **'stupid'**.
뱃사람들은 그 새들을 '도도'라 불렀다 '바보' 또는 '멍청한'을 뜻하는

11 The **birds** were **hunted** by **sailors** / and **disappeared** / in **less**
새들은 뱃사람들에게 사냥을 당했다 그리고 사라져버렸다 백 년도 되지

than a hundred years.
않아

12 Their **extinction** was **one** of the **fastest** / in **history**.
도도새의 멸종은 가장 빠른 것 중 하나였다 역사상

13 Now if **people ignore changes** around them, / they're
요즘에 주변의 변화를 무시하는 사람들이 있다면 그들은 묘사된다

described / as **dodo birds**.
도도새로

14 In this **quickly moving society**, / you should be **ready** to
이렇게 빨리 움직이는 사회에선 당신은 스스로에게 도전할 준비가 되어 있어야 한다

challenge yourself / and **adapt** to **new situations**.
그리고 새로운 상황에 적응할

15 **Always** be **alert** / to the **changing world** around you.
항상 깨어 있어라 당신 주변의 변화하는 세상에 대해

16 **Or** / you would be a **21st century dodo bird** / and **soon**
그렇지 않으면 당신은 21세기 도도새가 될 것이다 그리고 곧 멸종된다

become **extinct**.

Words & Expressions

perfect 완벽한 | plenty 풍부한 | predator 포식자 | discover 발견하다 | Dutch 네덜란드의 | fear 공포, 두려움 | disappear 사라지다 | extinction 멸망 | describe 묘사하다 | adapt 적응하다, 맞추다 | alert 기민한, 경계하는 | extinct 멸종한

Step 3

MP3 11-01

Shadow speak

낭독 훈련을 충분히 하여 문장이 어느 정도 입에 붙었다면, 이번에는 스크립트 없이 오디오를 들으면서 한 박자 천천히 섀도우스피킹(그림자 따라 말하기)을 해 보세요.

섀도우스피킹을 할 때에는 따라 말하면서 오디오에서 나오는 소리를 동시에 들어야 합니다.

1 ☐ 2 ☐ 3 ☐ 4 ☐ 5 ☐ 6 ☐ 7 ☐ 8 ☐

Questions & Answers

스토리에 나온 문장을 활용하여 질문에 답해 보세요.

1 **Where** did the dodo bird used to live?

▶

2 **How long** did it take for the dodo birds to disappear?

▶

3 **How** do we describe people who ignore changes around them?

▶ They're

MP3 11-03

Summarize

앞서 낭독 훈련한 스토리의 중심 생각을 담아 요약해서 말해 보세요.

The dodo bird lived on a peaceful island hundreds of years ago where it didn't need to use its wings.
Once the island was discovered by humans, the birds were easily hunted because they couldn't fly away.
If you don't use your abilities or adapt to changes quickly, you may soon become extinct like the dodo birds.

Storytelling

앞서 낭독 훈련한 스토리를 기억하여 실제로 스토리텔링할 수 있는지 빈칸에 알맞은 말을 넣어 스토리텔링해 보세요. 기억이 잘 안 난다면 우리말 해석을 보고 빈칸을 채워서 말해 보세요.

1 "If you don't u______ it, you l______ it."	"당신이 그것을 쓰지 않으면 당신은 그것을 잃어버린다."
2 A good e______ of this saying is the s______ of the dodo b______.	이 말의 좋은 사례가 도도새의 이야기이다.
3 It u______ to live on the i______ of Mauritius.	이 새는 한때 모리셔스 섬에 살았다.
4 The environment was p______ for the birds.	환경은 새들에게 완벽했다.
5 There was p______ to eat and no p______.	먹이는 풍부했고 천적도 없었다.
6 So the dodo birds d______ have to u______ their w______.	그래서 도도새는 날개를 쓸 필요가 없었다.
7 The w______ became s______ and eventually they lost their a______ to f______.	날개는 작아졌고 결국 그들은 날 수 있는 능력을 상실했다.
8 In the 16th century, the i______ was d______ by Dutch s______.	16세기에 섬은 네덜란드 뱃사람들에 의해 발견됐다.

9 Having n s humans, the birds had no f of them and didn't r a .

새들은 사람들을 본 적이 없어 그들에 대한 두려움이 없었고 도망도 가지 않았다.

10 The sailors c them 'dodo', m 'fool' or 's '.

뱃사람들은 새들을 '바보' 또는 '멍청한'을 뜻하는 '도도'라 불렀다.

11 The birds were h by sailors and d in l than a hundred years.

새들은 뱃사람들에게 사냥을 당했고 백 년도 되지 않아 사라져버렸다.

12 Their e was one of the f in history.

도도새의 멸종은 역사상 가장 빠른 것 중 하나였다.

13 Now if people i changes a them, they're d a dodo birds.

요즘에 주변의 변화를 무시하는 사람들이 있다면 그들은 도도새로 묘사된다.

14 In this quickly m society, you should be r to challenge y and a to new s .

이렇게 빨리 움직이는 사회에선 당신은 스스로에게 도전하고 새로운 상황에 적응할 준비가 되어 있어야 한다.

15 Always be a to the c world around you.

당신 주변의 변화하는 세상에 대해 항상 깨어 있어라.

16 Or you w be a 21st century dodo b and s become e .

그렇지 않으면 당신은 21세기 도도새가 되어 곧 멸종되고 말 것이다.

Barnum Effect

바넘 효과

starting time	y m d :
finishing time	y m d :

MP3 12-01

Listen

잘 듣고 다음 이야기의 내용을 얼마나 이해할 수 있는지 확인해 보세요.

Step 2

MP3 12-02

Listen & Repeat

오디오를 들으면서 큰 소리로 따라 말해 보세요.

듣고 따라 말할 때는 의미를 생각하면서 말하려고 노력하세요.

스크립트 보면서 듣고 따라 말하기

1☐ 2☐ 3☐ 4☐ 5☐ 6☐ 7☐ 8☐

스크립트 안 보고 듣고 따라 말하기

1☐ 2☐ 3☐ 4☐ 5☐ 6☐ 7☐ 8☐

/ 끊어 읽기 **볼드** 강세를 두어 읽는 부분 ◡ 연음

1 Have you **ever** been to a **fortune teller**?

당신은 점을 보러 간 적이 있는가?

2 Did you **think** / they were **able** to **tell** you a **lot** / about **yourself**?

당신은 ~ 생각이 들었는가? 점쟁이들이 당신에게 많은 걸 얘기해줄 수 있다는 당신 자신에 관해

3 **Or** do you **believe** in your **daily horoscope**?

혹은 당신은 당신의 오늘의 운세를 믿는가?

4 **If so,** / then / it's **likely** the **Barnum Effect**.
그렇다면 그럼 그것은 아마 바넘 효과일 것이다

5 **Usually,** / **fortune tellers** and **horoscopes speak** / in **very**
보통 점쟁이나 오늘의 운세는 말한다 매우 일반적인 말들을

general statements.

6 But we **think** / these **statements** are **accurate** and
하지만 우리는 생각한다 이런 말들이 정확하고 자세한 설명이라고

detailed descriptions / of **ourselves**.
우리 자신에 대한

7 **So** / we **easily believe** / what they **say**.
그래서 우리는 쉽게 믿어버린다 그들이 하는 말을

8 For **example,** / a **fortune teller says,** /
예를 들어 점쟁이가 말한다

"You **want** to have **more**
당신은 좀 더 자신감이 있기를 바라네요."라고

self-confidence."

9 Well, / this **statement** is **easily true** / for **just about anybody**.
사실 이 말은 쉽게 해당이 되는 말이다 거의 아무에게나

10 **What if** she **says,** / "You know / that **nothing** can be **perfect** /
만약 점쟁이가 말한다면 어떤가? "글쎄요 아무것도 완벽할 순 없어요

but you **always do** your **best**."
하지만 당신은 항상 최선을 다하네요."라고

11 **This, too,** is a **statement** / that would **apply** to **most people**.
이 말 또한 말이다 대부분의 사람들에게 적용될 수 있을

12 The **name** of this **effect** / **comes** from the **famous circus**
이 효과의 이름은 유명한 서커스 흥행업자인 바넘에서 유래한다

businessman P.T. **Barnum** / from the **19th century**.
19세기의

13 **He** was **notorious** / for **hoaxes** and **fooling people**.
그는 악명이 높았다 거짓말과 사람들을 속이는 것으로

14 But, / in the **business world**, / you could **use** this **effect** / in a
그러나 비즈니스 세계에서는 당신은 이 효과를 활용할 수도 있다

positive way.
긍정적인 방법으로

15 These **kinds** of **general statements** / can **help** you **connect**
이런 종류의 일반적인 말들은 당신이 다른 사람들과 관계맺는 것을 도와줄 수

with **others** / **more easily**.
있다 더 쉽게

16 You **don't** have to be a **fortune teller** / to **say** / "I can **see**
당신은 점쟁이가 될 필요는 없다 말하기 위해 "나는 당신이 성공할

you have great potential to **succeed**", / you know?
잠재력이 아주 크다는 걸 알 수 있어요."라고 그렇지 않은가?

Words & Expressions

fortune teller 점쟁이 | horoscope 점성술 | general 일반적인 | statement 진술, 서술 | accurate 정확한 | description 묘사 | self-confidence 자신감 | be true for ~에도 해당되다 | apply 적용하다 | notorious 악명 높은 | hoax 거짓말 | fool 속이다 | potential 잠재성, 잠재력

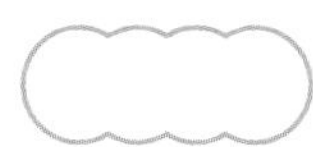

Shadow speak

낭독 훈련을 충분히 하여 문장이 어느 정도 입에 붙었다면, 이번에는 스크립트 없이 오디오를 들으면서 한 박자 천천히 섀도우스피킹(그림자 따라 말하기)을 해 보세요.

섀도우스피킹을 할 때에는 따라 말하면서 오디오에서 나오는 소리를 동시에 들어야 합니다.

1☐ 2☐ 3☐ 4☐ 5☐ 6☐ 7☐ 8☐

MP3 12-01

Questions & Answers

스토리에 나온 문장을 활용하여 질문에 답해 보세요.

1 **What** do we think about the general statements we hear from fortune tellers?

▸ We think they are

2 **Where** does the name Barnum Effect come from?

▸

3 **How** can these kinds of general statements help you in the business world?

▸ They can help you

Summarize

앞서 낭독 훈련한 스토리의 중심 생각을 담아 요약해서 말해 보세요.

MP3 12-03

The Barnum Effect is our willingness to believe what fortune tellers or horoscopes tell us.
We hear general statements from them and mistakenly believe they are uniquely about us.
But, to connect with people more easily, **you can use the effect positively by saying generally good things about them.**

Storytelling

앞서 낭독 훈련한 스토리를 기억하여 실제로 스토리텔링할 수 있는지 빈칸에 알맞은 말을 넣어 스토리텔링해 보세요. 기억이 잘 안 난다면 우리말 해석을 보고 빈칸을 채워서 말해 보세요.

1 Have you ever been to a f______ t______?	당신은 점을 보러 간 적이 있는가?
2 Did you think they were a______ to tell you a l______ about y______?	당신은 점쟁이들이 당신에게 당신 자신에 관해 많은 걸 얘기해줄 수 있다는 생각이 들었는가?
3 Or do you believe in your d______ h______?	혹은 당신은 오늘의 운세를 믿는가?
4 I______ so, then it's l______ the Barnum E______.	그렇다면, 그럼 그것은 아마 바넘 효과일 것이다.
5 Usually, fortune tellers and horoscopes s______ in very g______ s______.	보통 점쟁이나 오늘의 운세는 매우 일반적인 말들을 한다.
6 But we think these s______ are a______ and d______ descriptions of o______.	하지만 우리는 이런 말들이 우리 자신에 대한 정확하고 자세한 설명이라고 생각한다.
7 So we e______ believe what they say.	그래서 우리는 그들이 하는 말을 쉽게 믿어버린다.
8 For example, a fortune teller says, "You want to have more s______."	예를 들어, 점쟁이가 "당신은 좀 더 자신감이 있기를 바라네요."라고 말한다.
9 Well, this statement is easily t______ for just a______ anybody.	사실 이 말은 거의 아무에게나 쉽게 해당이 되는 말이다.

10 What i she says, "You know that n can be p but you always do your b ."

만약 점쟁이가 "글쎄요, 아무것도 완벽할 순 없지만 당신은 항상 최선을 다하네요."라고 말한다면 어떤가?

11 This, too, is a statement that would a to m people.

이 말 또한 대부분의 사람들에게 적용될 수 있을 말이다.

12 The n of this effect c from the famous circus b P.T. Barnum from the 19th c .

이 효과의 이름은 19세기의 유명한 서커스 흥행업자인 바넘에서 유래한다.

13 He was n for h and f people.

그는 거짓말과 사람들을 속이는 것으로 악명이 높았다.

14 But, in the b world, you could use this e in a p way.

그러나 비즈니스 세계에서는 당신은 이 효과를 긍정적인 방법으로 활용할 수도 있다.

15 These k of general statement can help you c with others m easily.

이런 종류의 일반적인 말들은 당신이 다른 사람들과 관계맺는 것을 더 쉽게 도와줄 수 있다.

16 You don't h to be a fortune teller to s "I can see y have great p to s ", you know?

"나는 당신이 성공할 잠재력이 아주 크다는 걸 알 수 있어요."라고 말하기 위해 당신은 점쟁이가 될 필요는 없다, 그렇지 않은가?

Black Swan Effect

블랙 스완 효과

starting time	y m d :
finishing time	y m d :

Step 1
MP3 13-01

Listen
잘 듣고 다음 이야기의 내용을 얼마나 이해할 수 있는지 확인해 보세요.

Step 2
MP3 13-02

Listen & Repeat
오디오를 들으면서 큰 소리로 따라 말해 보세요.
듣고 따라 말할 때는 의미를 생각하면서 말하려고 노력하세요.

스크립트 보면서 듣고 따라 말하기
1 ☐ 2 ☐ 3 ☐ 4 ☐ 5 ☐ 6 ☐ 7 ☐ 8 ☐

스크립트 안 보고 듣고 따라 말하기
1 ☐ 2 ☐ 3 ☐ 4 ☐ 5 ☐ 6 ☐ 7 ☐ 8 ☐

/ 끊어 읽기 **볼드** 강세를 두어 읽는 부분 ◡ 연음

1 **Swans** are **supposed** to be **white**, / right?
백조는 원래 하얀색이라고 간주된다 그렇지 않은가?

2 Well, / **most people thought** / **that** was **true** / until the **17th century**.
흠, 대부분의 사람들은 여겼다 그것이 사실이라고 17세기까지

3 But, / in the **18th century**, / a **black swan** was **discovered** /
그러나 18세기에 검은 백조가 발견됐다

in **Australia**.
호주에서

4 **It** was **really** an **unexpected** and **rare event** / that **many**
그것은 정말 예상 밖의 드문 사건이었다 많은 사람들이

people **thought impossible**.
불가능하다고 여긴

5 **Now** / this **kind** of **phenomenon** / is **called** the **Black**
그래서 이런 종류의 현상은 '블랙 스완 효과'라고 불린다

Swan Effect.

6 It's a **situation** or **event** / that **seems impossible** / but **none-**
이것은 어떤 상황이나 사건을 말한다 불가능해 보이는 하지만 그럼에도

theless happens.
불구하고 발생한다

7 This **concept** can **affect** our **daily lives** / in both a
이 개념은 우리 일상생활에 영향을 끼칠 수 있다 부정적 그리고

negative and **positive way**.
긍정적인 양 측면에서

8 For **example**, / as you **work** toward a **goal**, / you have to
예를 들어 당신이 어떤 목표를 향해 일을 할 때 당신은 준비를 해야 한다

prepare / for **every possibility**.
모든 가능성에 대해

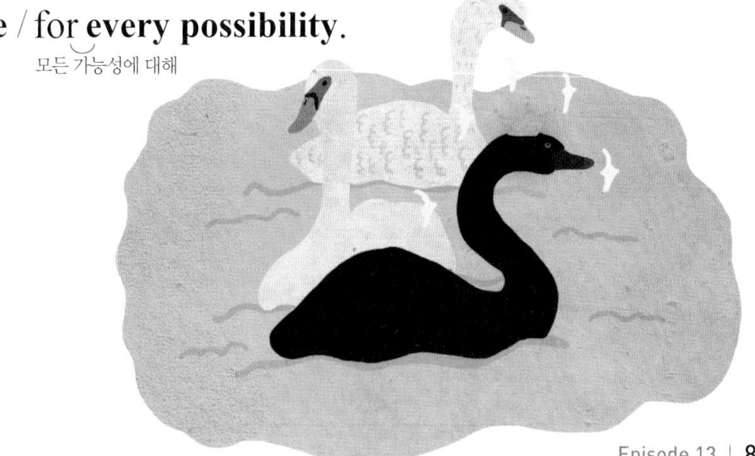

9 There is **always** a **one-percent chance** / of **something** going **wrong**.

항상 1%의 가능성이 존재한다 일이 잘못된 방향으로 갈 수 있는

10 **Therefore**, / you should **focus** / on the **smallest details** and **potential problems**.

따라서 당신은 집중을 해야 한다 가장 작은 세부사항과 잠재적 문제들에까지

11 **On** the **other hand**, / when you are **trying** to **succeed**, / **don't give up** easily.

다른 한편으로 당신이 성공을 위해 노력을 할 때는 쉽게 포기하지 마라

12 **Even if** what you are **doing** is **extremely hard**, / there is **always** 'that **one-percent chance**' for **success**.

설령 당신이 추진하고 있는 일이 굉장히 힘들다 해도 항상 성공을 위한 그 1%의 가능성이 존재한다

13 **Nothing** is **impossible** / because **now** you **know** / there's a **black swan**.

불가능한 것은 없다 왜냐하면 이제 당신은 알기 때문이다 검은 백조가 존재한다는 걸

Words & Expressions

be supposed to ~ 하기로 되어 있다 | unexpected 예상 밖의, 뜻밖의 | rare 드문 | phenomenon 현상 | nonetheless 그럼에도 불구하고 | concept 개념 | affect 영향을 미치다 | goal 목표 | prepare 준비하다 | potential 잠재적인 | give up 포기하다 | even if 비록 ~일지라도 | extremely 극도로, 극히

Step 3

MP3 13-01

Shadow speak

낭독 훈련을 충분히 하여 문장이 어느 정도 입에 붙었다면, 이번에는 스크립트 없이 오디오를 들으면서 한 박자 천천히 섀도우스피킹(그림자 따라 말하기)을 해 보세요.

섀도우스피킹을 할 때에는 따라 말하면서 오디오에서 나오는 소리를 동시에 들어야 합니다.

1 ☐ 2 ☐ 3 ☐ 4 ☐ 5 ☐ 6 ☐ 7 ☐ 8 ☐

Questions & Answers

스토리에 나온 문장을 활용하여 질문에 답해 보세요.

1 **When** and **where** was a black swan discovered?

▶

2 **How** can this concept affect our daily lives?

▶

3 **Why** shouldn't we give up easily?

▶ Because there is always

MP3 13-03

Summarize

앞서 낭독 훈련한 스토리의 중심 생각을 담아 요약해서 말해 보세요.

The Black Swan Effect is a situation or event that seems impossible but nonetheless happens.
There is a one-percent chance that the most unlikely situation could happen.
So we need to prepare for it, or at least take the possibility into account because now we know there's a black swan.

Step 4

Storytelling

앞서 낭독 훈련한 스토리를 기억하여 실제로 스토리텔링할 수 있는지 빈칸에 알맞은 말을 넣어 스토리텔링해 보세요. 기억이 잘 안 난다면 우리말 해석을 보고 빈칸을 채워서 말해 보세요.

1 Swans are s______ to be w______, right?	백조는 원래 하얀색이라고 간주된다 그렇지 않은가?
2 Well, most people t______ that was t______ until the 17th c______.	흠, 대부분의 사람들은 17세기까지 그것이 사실이라고 여겼다.
3 But, in the 18th century, a b______ swan was d______ in Australia.	그러나 18세기에 호주에서 검은 백조가 발견됐다.
4 It was really an u______ and rare event that m______ people thought i______.	그것은 많은 사람들이 불가능하다고 여긴 정말 예상 밖의 드문 사건이었다.
5 Now this kind of p______ is called the B______ S______ E______.	그래서 이런 종류의 현상은 '블랙 스완 효과'라고 불린다.
6 It's a s______ or e______ that seems i______ but nonetheless h______.	이것은 불가능해 보이지만 그럼에도 불구하고 발생하는 어떤 상황이나 사건을 말한다.
7 This c______ can affect our daily lives in b______ a negative a______ positive way.	이 개념은 부정적이며 긍정적인 양 측면에서 우리 일상생활에 영향을 끼칠 수 있다.

8 For example, as you work toward a g , you have to p for every p .

예를 들어, 당신이 어떤 목표를 향해 일을 추진할 때 당신은 발생할 모든 가능성에 대해 준비를 해야 한다.

9 There is always a o chance of something g w .

일이 잘못된 방향으로 갈 수 있는 1%의 가능성이 항상 존재한다.

10 T , you should f on the smallest d and potential p .

따라서 당신은 가장 작은 세부사항과 잠재적 문제들에까지 집중을 해야 한다.

11 On the o hand, when you are trying to s , don't g u easily.

다른 한편으로 당신이 성공을 위해 노력을 할 때는 쉽게 포기하지 마라.

12 E i what you are doing is e hard, there is a 'that one-percent c ' for success.

설령 당신이 추진하고 있는 일이 굉장히 힘들다 해도 항상 성공을 위한 그 1%의 가능성이 존재한다.

13 N is i because now you know there's a b s .

불가능한 것은 없다. 왜냐하면 이제 당신은 검은 백조가 존재한다는 걸 알기 때문이다.

Straw Man Argument
허수아비 논법

starting time	y m d :
finishing time	y m d :

MP3 **14-01**

Listen
잘 듣고 다음 이야기의 내용을 얼마나 이해할 수 있는지 확인해 보세요.

Step 2
MP3 **14-02**

Listen & Repeat
오디오를 들으면서 큰 소리로 따라 말해 보세요.
듣고 따라 말할 때는 의미를 생각하면서 말하려고 노력하세요.

스크립트 보면서 듣고 따라 말하기
1☐ 2☐ 3☐ 4☐ 5☐ 6☐ 7☐ 8☐

스크립트 안 보고 듣고 따라 말하기
1☐ 2☐ 3☐ 4☐ 5☐ 6☐ 7☐ 8☐

/ 끊어 읽기 **볼드** 강세를 두어 읽는 부분 ◡ 연음

1 A **dad** may **run** into this **argument** / with his **five**-year old **child**.
아빠는 이런 논쟁에 부딪힐 수도 있다 자신의 5살짜리 아이와

2 "**Dad**, / can I **have** a **dog**?"
"아빠, 나 개 키워도 돼요?"

3 "**No**, / you **don't need** a **dog**."
"안 돼, 넌 개가 필요 없단다."

4 "You **mean**, / you **don't want** me to be **protected** / from **bad**
"그 말씀은 아빠는 제가 보호받는 걸 원치 않으시는 거죠? 나쁜 사람들로부터"
people?"

5 "**That**'s **not** what I'm **saying**."
"내 말은 그게 아니잖니."

6 Now, / **this** is a **simple example** / of a **Straw Man Argument**.
자, 이것이 간단한 사례이다 허수아비 논법의

7 The **reason** it's **called** a **straw man** is / that it's **easy** to
그것이 허수아비라 불리는 이유는 ~이다 허수아비란 쉽게 무너뜨릴 수 있다는 것
destroy.

8 This **type** of **argument** / **misrepresents** or **oversimplifies**
이런 유형의 논법은 상대방의 주장을 왜곡시키거나 지나치게 단순화시킨다
the **other side's argument**, / so it is **easier** to **attack**.
그래서 공격하기가 더 쉽다

9 **You** will **see** it **used often** /
당신은 그것이 자주 이용되는 걸 볼 것이다
by **politicians**, / in the **news** /
정치인들에 의해 뉴스에서
and in **public debates**.
그리고 공개 토론에서

10 **Even** in our **daily lives,** / you can **spot** this **argument easily**.
심지어 우리 일상에서도 당신은 이 논법을 쉽게 찾아낼 수 있다

11 Let's **say** / you're **suggesting** an **idea** / in a **meeting**.
~라고 해보자 당신이 아이디어를 하나 제안한다 회의에서

12 "We **need** to **find ways** / to **reduce** our **costs**."
"우리는 방법을 찾아야 합니다 비용을 줄일 수 있는"

13 Then / **someone** might **yell**, / "Are you **saying no more**
그러면 누군가가 소리를 지를지도 모른다 "더 이상 자금지원이 없다는 말인가요?

funding? / Do you **want** us to **fail** / in this **project**?"
당신은 우리가 실패하길 원하세요? 이 프로젝트에서"

14 **Now**, / you can **confidently respond** / like **this**.
이제 당신은 자신 있게 대응할 수 있다 이렇게

15 "**That's** a **Straw Man Argument**! / Please **don't**
"그건 허수아비 논법이에요! 제가 한 말을 왜곡하지 말아주세요."

misrepresent what I **said**."

Words & Expressions

run into (어떤 경우를) 만나다, 겪다 | protect 보호하다 | destroy 파괴하다, 무너뜨리다 | misrepresent 잘못 전하다, 왜곡하다 | oversimplify 지나치게 단순화시키다 | attack 공격하다 | politician 정치인 | debate 토론 | spot 찾아내다, 알아채다 | let's say ~라고 가정해보자 | reduce 줄이다 | yell 소리치다 | funding 자금 지원 | confidently 자신 있게 | respond 대응하다

Shadow speak

Step 3

낭독 훈련을 충분히 하여 문장이 어느 정도 입에 붙었다면, 이번에는 스크립트 없이 오디오를 들으면서 한 박자 천천히 섀도우스피킹(그림자 따라 말하기)을 해 보세요.

섀도우스피킹을 할 때에는 따라 말하면서 오디오에서 나오는 소리를 동시에 들어야 합니다.

MP3 14-01

1☐ 2☐ 3☐ 4☐ 5☐ 6☐ 7☐ 8☐

Questions & Answers

스토리에 나온 문장을 활용하여 질문에 답해 보세요.

1 **Why** is the Straw Man Argument called a "straw man"?

▸ Because it is

2 **How** does this type of argument work?

▸ It misrepresents or

3 **What** can you say with confidence if you spot a Straw Man Argument in a meeting?

▸ "Please don't

Summarize

앞서 낭독 훈련한 스토리의 중심 생각을 담아 요약해서 말해 보세요.

MP3 14-03

A Straw Man Argument misrepresents or oversimplifies the other side's argument.
This way, it is easier to attack because the real argument has been changed.
Be on the lookout for Straw Man Arguments the next time you are in a debate or discussion.

Storytelling

앞서 낭독 훈련한 스토리를 기억하여 실제로 스토리텔링할 수 있는지 빈칸에 알맞은 말을 넣어 스토리텔링해 보세요. 기억이 잘 안 난다면 우리말 해석을 보고 빈칸을 채워서 말해 보세요.

1 A dad may r______ into this a______ with his five-year old child.	아빠는 자신의 5살짜리 아이와 이런 논쟁에 부딪힐 수도 있다.
2 "Dad, can I have a d______?"	"아빠, 나 개 키워도 돼요?"
3 "No, you d______ need a d______."	"안 돼, 넌 개가 필요 없단다."
4 "You mean, you d______ want me to be p______ from b______ people?"	"그 말씀은 아빠는 나쁜 사람들로부터 제가 보호받는 걸 원치 않으시는 거죠?"
5 "That's not w______ I'm s______."	"내 말은 그게 아니잖니."
6 Now, this is a s______ example of a S______ M______ Argument.	자, 이것이 허수아비 논법의 간단한 사례이다.
7 The r______ it's called a s______ m______ is that it's easy to d______.	그것이 허수아비라 불리는 이유는 허수아비란 쉽게 무너뜨릴 수 있다는 것이다.
8 This type of argument m______ or o______ the other side's a______, so it is e______ to attack.	이런 유형의 논법은 상대방의 주장을 왜곡시키거나 지나치게 단순화시켜 공격하기가 더 쉽다.

9 You will see it u often by p , in the news and in p d .

당신은 그것이 정치인들에 의해 또 뉴스와 공개 토론에서 자주 이용되는 걸 볼 것이다.

10 E in our daily l , you can s this argument e .

심지어 우리 일상에서도 당신은 이 논법을 쉽게 찾아낼 수 있다.

11 L s you're s an idea in a meeting.

회의에서 당신이 아이디어를 하나 제안한다고 해보자.

12 "We need to find w to r our c ."

"우리는 비용을 줄일 수 있는 방법을 찾아야 합니다."

13 Then someone might y , "Are you saying no more f ? Do you want us to f in this project?"

그러면 누군가가 소리를 지를지도 모른다. "더 이상 자금지원이 없다는 말인가요? 당신은 우리가 이 프로젝트에서 실패하길 원하세요?"

14 Now, you can c r like this.

이제 당신은 자신 있게 이렇게 대응할 수 있다.

15 "That's a S M A ! Please don't m what I said."

"그건 허수아비 논법이에요! 제가 한 말을 왜곡하지 말아주세요."

Conspiracy Theories
음모 이론

starting time	y	m	d	:
finishing time	y	m	d	:

MP3 15-01

Listen
잘 듣고 다음 이야기의 내용을 얼마나 이해할 수 있는지 확인해 보세요.

MP3 15-02

Listen & Repeat
오디오를 들으면서 큰 소리로 따라 말해 보세요.

듣고 따라 말할 때는 의미를 생각하면서 말하려고 노력하세요.

스크립트 보면서 듣고 따라 말하기

1☐ 2☐ 3☐ 4☐ 5☐ 6☐ 7☐ 8☐

스크립트 안 보고 듣고 따라 말하기

1☐ 2☐ 3☐ 4☐ 5☐ 6☐ 7☐ 8☐

/ 끊어 읽기 **볼드** 강세를 두어 읽는 부분 ◡ 연음

1 **Do you know** a **TV show** / called 'The **X-Files**?'
당신은 TV 드라마를 아는가? '엑스파일'이라 불리는

2 The **famous quote** from the **show** / was "I **Want** to **Believe**."
그 드라마의 유명한 인용구는 "나는 믿고 싶다"였다

3 **Do you believe** / **governments** are **covering** up the **existence** of **UFOs**?
당신은 믿는가? 정부가 UFO의 존재를 감추고 있다고

4 Was **John F. Kennedy killed** / by **one man**?
존 F. 케네디는 암살당했을까? 한 사람에 의해

5 **More recently,** / was **9/11** an **inside job**?
보다 최근으론 9/11 테러가 내부자 소행이었을까?

6 These **kinds** of **questions** are the **basis** /
이런 종류의 의문들이 기초가 된다

for **Conspiracy Theories**.
음모 이론들의

7 **Conspiracy Theory** is the **idea** /
음모 이론이란 생각을 일컫는다

that the **official story** of an **event** /
어떤 사건의 공식적인 발표가

is **not true**.
진실이 아니라는

8 For **example,** / the **official explanation** about
예를 들어 존 F. 케네디의 암살에 관한 공식적인 설명은 ~이다

JFK's **assassination** is / that he was **shot** by **one man**.
그가 한 사람에 의해 저격당했다는 것

9 **However,** / there are **theories** / that the **Mafia** or **even** the
그러나 이론들이 있다 마피아나 심지어 미국 정부 자체가

U.S. government itself / were behind it.
그 배후에 있었다는

10 As for **9/11,** / **some questioned** the **official report** / of **what**
9/11 테러의 경우 어떤 사람들은 공식 보고서에 의문을 품었다 어떤 일이

happened.
있었는지에 대한

11 They **suspected** / the **U.S. government planned** it / in order
그들은 의심했다 미국 정부가 그것을 계획한 것이라고 전쟁에 가기 위해

to **go** to **war** / in the **Middle East**.
중동에서의

12 **Anytime** a **major event occurs**, / **someone** will **create** a
이렇게 중대한 사건이 발생할 때마다 누군가는 음모 이론을 만들어 낼 것이다

Conspiracy Theory / about it.
그것에 대한

13 **Yet**, / **most Conspiracy Theories** are **never proven** / to be **true**.
하지만 대부분의 음모 이론은 결코 증명되지 않는다 사실로

14 **Nonetheless**, / **aren't** they **interesting** / and **don't you**
그럼에도 불구하고 그것들은 흥미롭지 않은가 그리고 당신은 믿어보고 싶지

want to **believe**?
않은가?

Words & Expressions

quote 인용구(문) | government 정부 | cover up 감추다 | existence 존재 | recently 최근에 | inside job 내부자 소행 | basis 기초 | official 공식적인 | assassination 암살 | question 질문하다, 의심하다 | suspect 수상쩍어하다, 의심하다 | in order to ~하기 위하여 | prove 증명하다 | nonetheless 그럼에도 불구하고

MP3 15-01

Shadow speak

낭독 훈련을 충분히 하여 문장이 어느 정도 입에 붙었다면, 이번에는 스크립트 없이 오디오를 들으면서 한 박자 천천히 섀도우스피킹(그림자 따라 말하기)을 해 보세요.

섀도우스피킹을 할 때에는 따라 말하면서 오디오에서 나오는 소리를 동시에 들어야 합니다.

1 ☐ 2 ☐ 3 ☐ 4 ☐ 5 ☐ 6 ☐ 7 ☐ 8 ☐

Questions & Answers

스토리에 나온 문장을 활용하여 질문에 답해 보세요.

1 **What** was the famous quote from the TV show 'The X-Files'?

▸ It was "

2 **How** can we describe a Conspiracy Theory in one sentence?

▸ It is the idea that

3 **Who** did some people suspect planned 9/11?

▸ They suspected

MP3 15-03

Summarize

앞서 낭독 훈련한 스토리의 중심 생각을 담아 요약해서 말해 보세요.

A Conspiracy Theory is the idea that the official story of an event is not true.
For example, many people don't believe the official explanations of JFK's assassination or 9/11.
While interesting to think about, most Conspiracy Theories are never proven to be true.

Storytelling

앞서 낭독 훈련한 스토리를 기억하여 실제로 스토리텔링할 수 있는지 빈칸에 알맞은 말을 넣어 스토리텔링해 보세요. 기억이 잘 안 난다면 우리말 해석을 보고 빈칸을 채워서 말해 보세요.

1	Do you k________ a TV show c________ 'The X-Files?'	당신은 '엑스파일'이라 불리는 TV 드라마를 아는가?
2	The famous q________ from the s________ was "I Want to B________."	그 드라마의 유명한 인용구는 "나는 믿고 싶다"였다.
3	Do you believe g________ are c________ up the e________ of UFOs?	당신은 정부가 UFO의 존재를 감추고 있다고 믿는가?
4	W________ John F. Kennedy k________ by one man?	존 F. 케네디는 한 사람에 의해 암살당했을까?
5	More r________, was 9/11 an i________ j________?	보다 최근으론, 9/11 테러가 내부자 소행이었을까?
6	These k________ of questions are the b________ for C________ T________.	이런 종류의 의문들이 음모 이론들의 기초가 된다.
7	Conspiracy Theory is the i________ that the o________ story of an e________ is not t________.	음모 이론이란 어떤 사건의 공식적인 발표가 진실이 아니라는 생각을 일컫는다.

8 For example, the official e about JFK's a is that he was s by one man.

예를 들어, 존 F. 케네디의 암살에 관한 공식적인 설명은 그가 한 사람에 의해 저격당했다는 것이다.

9 H , there are t that the Mafia or e the U.S. government itself were b it.

그러나 마피아나 심지어 미국 정부 자체가 그 배후에 있었다는 이론들이 있다.

10 A f 9/11, some q the official r of what happened.

9/11 테러의 경우 어떤 사람들은 어떤 일이 있었는지에 대한 공식 보고서에 의문을 품었다.

11 They s the U.S. government p it in o to go to w in the Middle East.

그들은 미국 정부가 중동에서의 전쟁에 가기 위해 그것을 계획한 것이라고 의심했다.

12 A a major event o someone will c a C Theory about it.

이렇게 중대한 사건이 발생할 때마다 누군가는 그것에 대한 음모 이론을 만들어 낼 것이다.

13 Yet, m Conspiracy Theories are never p to be t .

하지만 대부분의 음모 이론은 결코 사실로 증명되지 않는다.

14 N , aren't they i and don't you want to b ?

그럼에도 불구하고 그것들은 참 흥미롭지 않은가 그리고 당신은 믿어보고 싶지 않은가?

Balloon Effect
풍선 효과

starting time	y m d :
finishing time	y m d :

Step 1 MP3 16-01

Listen
잘 듣고 다음 이야기의 내용을 얼마나 이해할 수 있는지 확인해 보세요.

Step 2 MP3 16-02

Listen & Repeat
오디오를 들으면서 큰 소리로 따라 말해 보세요.

듣고 따라 말할 때는 의미를 생각하면서 말하려고 노력하세요.

스크립트 보면서 듣고 따라 말하기

1☐ 2☐ 3☐ 4☐ 5☐ 6☐ 7☐ 8☐

스크립트 안 보고 듣고 따라 말하기

1☐ 2☐ 3☐ 4☐ 5☐ 6☐ 7☐ 8☐

/ 끊어 읽기 **볼드** 강세를 두어 읽는 부분 ◡ 연음

1 If you **squeeze** a **water balloon** / in **one place**, / **what happens**?
당신이 물 풍선을 쥐어짜면 한쪽에서 어떻게 될까?

2 It **inflates** in another **area** of **less resistance**, / right?
풍선은 저항이 적은 다른 부분이 부풀어 오른다 그렇지 않겠는가?

3 If you **also push** that **area**, / then **another place** will **expand**.
만약 당신이 그 부분을 또 누른다면 그럼 또 다른 곳이 부풀게 될 것이다.

4 Like this **water balloon**, / the **same phenomenon occurs** / in
이 물 풍선처럼 똑같은 현상이 일어난다

many areas of our **society**.
우리 사회의 여러 방면에서도

5 **That**'s **how** the **name** "Balloon Effect" **originated**.
"풍선 효과"란 이름이 이렇게 해서 유래하게 됐다

6 An **attempt** to **solve** a **problem** / in **one area** / **simply moves**
문제를 해결하려는 시도가 한 영역에서 단순히 그 문제를 옮긴 셈이

the **problem** / to **another area**.
되는 것이다 다른 곳으로

7 For **example**, / the **city installs CCTVs**
예를 들어 시(市)에서 한 지역에 CCTV를 설치한다

in an area / to **prevent crimes**.
범죄 예방을 위해

8 The **crime rate** in that **area drops**, /
그 지역의 범죄율은 떨어진다

but **crime moves** to **another area** / without **CCTVs**.
하지만 범죄는 다른 지역으로 옮겨간다 CCTV가 없는

9 In the **case** of **business**, / let's **say** / you **have** a **system**
비즈니스 사례로 ~라고 하자 당신이 시스템 개발 프로젝트를 갖고 있다

development project.

10 You **have** a **short deadline**, / so you **hurry** / without **much**
당신은 납기일이 짧다 그래서 당신은 서두르게 된다 충분한 고려나 계획 없이

thought or **planning**.

11 **Naturally**, / **problems occur** / and the **project** is **delayed**.
자연히 문제들이 발생한다 그리고 프로젝트는 지연이 된다

12 Now, / to **fix** the **problems** and **enhance productivity**, / you **hire more staff**.
이제 문제들을 고치고 생산성을 높이기 위해 당신은 더 많은 직원을 고용한다

13 This **measure increases** / **communication problems** and **overhead**.
이 조치가 증가시킨다 의사소통 문제와 비용을

14 **Eventually**, /there's a **higher chance** / of **entire project failure** / — **ad infinitum**.
결국 가능성이 더 높아진다 전체 프로젝트가 실패할 문제는 계속 되풀이된다

15 **What** can we **do** / to **prevent** this '**Balloon Effect**'?
우리는 무엇을 할 수 있을까? 이 '풍선 효과'를 예방하기 위해

16 **Every action** could be **followed** / by **unintended cons-equences**.
모든 행동은 뒤따르게 마련이다 의도하지 않은 결과가

17 We should **always think ahead** / and **anticipate** them.
우리는 항상 미리 생각해야 한다 그리고 그런 결과들을 예상한다

18 **Furthermore**, / **have courage** / to **look** at the **problem** from a **zero base** / and **start** from **scratch**, / if **necessary**.
나아가 용기를 가져라 문제를 원점에서 바라볼 그리고 처음부터 시작할 필요하다면

Words & Expressions

squeeze 꽉 쥐다 | inflate 부풀다 | resistance 저항 | expand 팽창하다 | attempt 시도 | install 설치하다 | hurry 서두르다 | naturally 자연적으로 | delay 연기하다 | enhance 높이다 | overhead 간접비, 고정비 | entire 전체의 | ad infinitum (라틴어에서) 끝도 없이, 무한정 | unintended 의도하지 않은 | consequence 결과 | anticipate 예상하다 | furthermore 뿐만 아니라 | start from scratch 처음부터 시작하다

Shadow speak

낭독 훈련을 충분히 하여 문장이 어느 정도 입에 붙었다면, 이번에는 스크립트 없이 오디오를 들으면서 한 박자 천천히 섀도우스피킹(그림자 따라 말하기)을 해 보세요.

MP3 16-01

섀도우스피킹을 할 때에는 따라 말하면서 오디오에서 나오는 소리를 동시에 들어야 합니다.

1☐ 2☐ 3☐ 4☐ 5☐ 6☐ 7☐ 8☐

Questions & Answers

스토리에 나온 문장을 활용하여 질문에 답해 보세요.

1 **What** happens if you squeeze a water balloon in one place?

▶ It

2 **How** did the name 'Balloon Effect' originate?

▶ Like a water balloon,

3 **What** could every action be followed by?

▶

Summarize

앞서 낭독 훈련한 스토리의 중심 생각을 담아 요약해서 말해 보세요.

MP3 16-03

The Balloon Effect describes how solving a problem in one area simply moves it to another area.
It's just like pressing on one part of a water balloon only to have another part stick out.
We should think ahead about the unintended consequences of our decisions and actions.

Storytelling

앞서 낭독 훈련한 스토리를 기억하여 실제로 스토리텔링할 수 있는지 빈칸에 알맞은 말을 넣어 스토리텔링해 보세요. 기억이 잘 안 난다면 우리말 해석을 보고 빈칸을 채워서 말해 보세요.

1 If you s______ a water balloon in one place, what h______?	당신이 물 풍선의 한쪽을 쥐어짜면 어떻게 될까?
2 It i______ in another area of l______ r______, right?	풍선은 저항이 적은 다른 부분이 부풀어 오른다, 그렇지 않겠는가?
3 If you also p______ that area, then a______ place will e______.	만약 당신이 그 부분을 또 누른다면 그럼 또 다른 곳이 부풀게 될 것이다.
4 Like this w______ b______, the same phenomenon o______ in many areas of our s______.	이 물 풍선처럼 우리 사회의 여러 방면에서도 똑같은 현상이 일어난다.
5 That's how the name "B______ E______" o______.	"풍선 효과"란 이름이 이렇게 해서 유래하게 됐다.
6 An a______ to solve a problem in o______ area s______ moves the problem to a______ area.	한 영역에서 문제를 해결하려는 시도가 단순히 그 문제를 다른 곳으로 옮긴 셈이 되는 것이다.
7 For example, the city i______ CCTVs in an area to p______ c______.	예를 들어, 시(市)에서 한 지역에 범죄 예방을 위해 CCTV를 설치한다.
8 The c______ r______ in that area d______, but crime m______ to another area w______ CCTVs.	그 지역의 범죄율은 떨어지지만, 범죄는 CCTV가 없는 다른 지역으로 옮겨간다.
9 In the c______ of business, let's say you have a s______ d______ project.	비즈니스 사례로, 당신이 시스템 개발 프로젝트를 갖고 있다고 하자.

10 You have a short d , so you h without much t or p .

당신은 납기일이 짧아서 충분한 고려나 계획 없이 서두르게 된다.

11 N , problems o and the project is d .

자연히 문제들이 발생하고 프로젝트는 지연이 된다.

12 Now, to f the problems and e productivity, you h more s .

이제, 문제들을 고치고 생산성을 높이기 위해 당신은 더 많은 직원을 고용한다.

13 This m increases communication problems and o .

이 조치가 의사소통 문제와 비용을 증가시킨다.

14 E , there's a h chance of entire p f — ad infinitum.

결국 전체 프로젝트가 실패할 가능성이 더 높아지고, 문제는 계속 되풀이 된다.

15 What c we do to p this 'B E ?'

이 '풍선 효과'를 예방하기 위해 우리는 무엇을 할 수 있을까?

16 Every a could be f by unintended c .

모든 행동은 의도하지 않은 결과가 뒤따르게 마련이다.

17 We s always think a and a them.

우리는 항상 그런 결과들을 미리 생각하고 예상해야 한다.

18 Furthermore, have c to look at the problem from a z b and start from s , if necessary.

나아가 문제를 원점에서 바라보고 필요하다면 처음부터 시작할 용기를 가져라.

Devil's Advocate

선의의 비판자

starting time	y m d :
finishing time	y m d :

MP3 17-01

Listen

잘 듣고 다음 이야기의 내용을 얼마나 이해할 수 있는지 확인해 보세요.

Step 2

MP3 17-02

Listen & Repeat

오디오를 들으면서 큰 소리로 따라 말해 보세요.

듣고 따라 말할 때는 의미를 생각하면서 말하려고 노력하세요.

스크립트 보면서 듣고 따라 말하기

1☐ 2☐ 3☐ 4☐ 5☐ 6☐ 7☐ 8☐

스크립트 안 보고 듣고 따라 말하기

1☐ 2☐ 3☐ 4☐ 5☐ 6☐ 7☐ 8☐

/ 끊어 읽기 **볼드** 강세를 두어 읽는 부분 ◡ 연음

1 Have you **heard** the **expression** / "**Let** me **play** **Devil's Advocate**?"

당신은 표현을 들어본 적이 있는가? "악마의 변호인 (선의의 비판자)이 될게요"라는

2 We **know** / it **means** to **take** the **other side** / in an **argument**.

우리는 알고 있다 이 표현이 반대 입장을 취해본다는 의미라는 것을 논쟁에서

3 **You** may **not agree** / with the **opposite argument**.

당신은 동의하지 않을 수도 있다 상대측의 주장에

4 **However**, / you **take** the **position** / **just** for the **purpose** of **discussion**.

하지만 당신은 그 입장을 취한다 단지 토론할 목적으로

5 There's an **interesting story** / behind this **expression**.

재미있는 스토리가 있다 이 표현의 배경에는

6 In the **Catholic Faith**, / before **someone** can be **declared** a **saint**, / there must be an **investigation**.

가톨릭교에선 어떤 사람이 성인(聖人)으로 공표될 수 있기 전에 반드시 조사가 있어야 한다.

7 **But** / the **investigators don't look** for **reasons** / why **someone** should be a **saint**.

그런데 조사관들은 이유를 찾지 않는다 왜 어떤 사람이 성인이 되어야 하는지에 대한

8 They **do** the **opposite**.

그들은 그 반대로 행한다

9 They **try** to **find reasons** / why **someone** should **not become** a **saint**.

조사관들은 이유를 찾으려고 한다 어떤 사람이 왜 성인이 되면 안 되는지에 대한

10 They **play** the **role** / of the **devil** or **sceptic**.

그들은 역할을 맡는 것이다 악마 또는 회의론자의

11 They **look** for **problems** / with the **evidence** / **presented** for **sainthood.**

그들은 문제점을 살펴본다 증거에서 성인 추대를 위해 제시된

12 They **argue** against **God's advocate** / whose **job** it is to **prove sainthood.**

그들은 신의 변호인에 대항하여 반대론을 펼친다 성인임을 증명하는 것이 그의 일인

13 So **now** / we **use** this **expression** / to **mean taking** the **opposite view** / for the sake of **argument.**

그래서 지금 우리는 이 표현을 사용한다 반대 입장을 취한다는 의미로 논쟁을 진행하기 위해

14 **Next time** with your **friends** or in a **meeting,** / how about **playing Devil's Advocate** / to **have** more **lively discussion**?

다음번에 친구들과 함께할 때 또는 회의에서 선의의 비판자 역할을 해보는 건 어떤가? 더 활발한 토론을 하기 위해

Words & Expressions

play Devil's Advocate (활발한 토론을 위해) 일부러 반대편에 서다 *cf.* advocate 옹호자, 지지자 | opposite 반대의 | purpose 목적 | declare 공표하다 | sainthood 성인(聖人)자격, 성인임 | investigation 조사 | play the role 역할을 하다 | sceptic 회의론자 | evidence 증거 | present 제시하다, 제출하다 | for the sake of ~을 위하여 | lively 활발한, 적극적인

Shadow speak

낭독 훈련을 충분히 하여 문장이 어느 정도 입에 붙었다면, 이번에는 스크립트 없이 오디오를 들으면서 한 박자 천천히 섀도우스피킹(그림자 따라 말하기)을 해 보세요.

MP3 17-01

섀도우스피킹을 할 때에는 따라 말하면서 오디오에서 나오는 소리를 동시에 들어야 합니다.

1☐ 2☐ 3☐ 4☐ 5☐ 6☐ 7☐ 8☐

Questions & Answers

스토리에 나온 문장을 활용하여 질문에 답해 보세요.

1 **Why** would you take the other position in an argument?

▶ You take the position

2 **Whose** role do the investigators play?

▶ They play

3 **What** do we use "play Devil's Advocate" to mean?

▶ We use it to mean

Summarize

앞서 낭독 훈련한 스토리의 중심 생각을 담아 요약해서 말해 보세요.

MP3 17-03

The term 'Devil's Advocate' comes from the Catholic Church.
It's a priest who takes the imaginary role of the devil and argues against a candidate for sainthood.
It now describes someone who takes the opposite side in a debate just for the purpose of discussion.

Step 4 **Storytelling**

앞서 낭독 훈련한 스토리를 기억하여 실제로 스토리텔링할 수 있는지 빈칸에 알맞은 말을 넣어 스토리텔링해 보세요. 기억이 잘 안 난다면 우리말 해석을 보고 빈칸을 채워서 말해 보세요.

1 Have you heard the e________ "Let me play D________ A________?"

당신은 "악마의 변호인(선의의 비판자)이 될게요."라는 표현을 들어본 적이 있는가?

2 We know it means to t________ the other s________ in an a________.

우리는 이 표현이 논쟁에서 반대 입장을 취해본다는 의미라는 것을 알고 있다.

3 You may not a________ with the o________ argument.

당신은 상대측의 주장에 동의하지 않을 수도 있다.

4 H________, you take the p________ just for the p________ of d________.

하지만 당신은 단지 토론할 목적으로 그 입장을 취한다.

5 There's an i________ story b________ this expression.

이 표현의 배경에는 재미있는 스토리가 있다.

6 In the C________ Faith, before someone can be d________ a s________, there must be an i________.

가톨릭교에선 어떤 사람이 성인(聖人)으로 공표될 수 있기 전에 반드시 조사가 있어야 한다.

7 But the i________ don't look for r________ why someone should be a s________.

그런데 조사관들은 왜 어떤 사람이 성인이 되어야 하는지에 대한 이유를 찾지 않는다.

8 They do the o________.

그들은 그 반대로 행한다.

9 They try to f reasons w someone should n b a saint.

조사관들은 어떤 사람이 왜 성인이 되면 안 되는지에 대한 이유를 찾으려고 한다.

10 They play the r of the d or s .

그들은 악마 또는 회의론자의 역할을 맡는 것이다.

11 They look for p with the e presented for s .

그들은 성인 추대를 위해 제시된 증거에서 문제점을 살펴본다.

12 They argue a God's advocate w j it is to p sainthood.

그들은 성인임을 증명하는 것이 그의 일인 신의 변호인에 대항하여 반대론을 펼친다.

13 So now we u this expression to mean t the o v for the s of argument.

그래서 지금 우리는 이 표현을 논쟁을 진행하기 위해 다른 입장을 취한다는 의미로 사용한다.

14 Next time with your f or in a meeting, how about p Devil's Advocate to have more l discussion?

다음번에 친구들과 함께할 때 또는 회의에서 더 활발한 토론을 하기 위해 선의의 비판자 역할을 해보는 건 어떤가?

Cappuccino
카푸치노

starting time	y m d :
finishing time	y m d :

MP3 18-01

Listen
잘 듣고 다음 이야기의 내용을 얼마나 이해할 수 있는지 확인해 보세요.

Step 2
MP3 18-02

Listen & Repeat
오디오를 들으면서 큰 소리로 따라 말해 보세요.
듣고 따라 말할 때는 의미를 생각하면서 말하려고 노력하세요.

스크립트 보면서 듣고 따라 말하기
1☐ 2☐ 3☐ 4☐ 5☐ 6☐ 7☐ 8☐

스크립트 안 보고 듣고 따라 말하기
1☐ 2☐ 3☐ 4☐ 5☐ 6☐ 7☐ 8☐

/ 끊어 읽기 **볼드** 강세를 두어 읽는 부분 ◡ 연음

1 **These days** / you can **see** a **coffee shop** / on the **corner** of **every street**.
요즘 당신은 커피숍을 하나씩 볼 수 있다 길모퉁이마다

2 **Coffee culture** has really **become popular** / in the **last few decades**.
커피 문화는 상당히 대중화되었다 지난 몇 십 년에 걸쳐

3 And there are so **many different kinds** of **coffee**.
그리고 다른 종류의 커피도 정말 많다

4 **One** of the **most loved coffees** / is **'cappuccino.'**
가장 사랑받는 커피 중의 하나가 '카푸치노'이다

5 Now / can you **guess** / **where** the **name cappuccino comes from**?
그럼 당신은 짐작할 수 있겠는가? 이 카푸치노라는 이름이 어디서 유래하는지

6 It **originates** from the **Italian word cappuccino** / which **means "hood."**
카푸치노는 이탈리아 말 카푸치노에서 유래한다 "후드"를 의미하는

7 It's the **hooded robes** / **worn** by **monks** and **nuns** of the **capuchin order**.
이것은 모자가 달린 예복을 말한다 카푸친 종파의 수도승과 수녀가 입었던

8 **Capuchin** was the **nickname** / **given** to them / **meaning**, **"hood-wearing."**
카푸친이란 말은 별명이었다 그들에게 주어진 "후드를 쓴"이라는 의미로

9 Around the **17th century**, /
17세기 경

the **word "capuchin" came** to **mean** /
"카푸친"이란 말은 의미하게 됐다

the **specific color** of their **hooded robes**.
그들 예복의 특정 색깔을

10 The **color** was a **red-brown** / and was **only worn** / by this
그 색깔은 붉은 갈색이었다 그리고 오로지 착용되었다 이 특정한

particular group of **monks** and **nuns**.
수도승과 수녀 집단에 의해

11 The **coffee beverage** gets its **name** / from the **color** of the
카푸치노 음료는 그 이름을 얻는다 그 모자 달린 예복의 색깔로부터

hooded robes.

12 In the **20th century**, / the **word cappuccino** was **first used** /
20세기 들어 카푸치노라는 말이 처음 사용됐다

to **describe** the **coffee beverage** / we **enjoy today**.
커피 음료를 묘사하기 위해 오늘날 우리가 즐기는

13 The **next time** you **enjoy** a **nice hot cappuccino**, / **notice** its
다음번에 당신이 향기로운 핫 카푸치노를 즐길 때 그것의 붉은 갈색을

red-brown color.
한번 주목해보라

Words & Expressions

decade 10년 | kind 종류 | originate 유래하다 | hood (옷에 달린) 모자, 후드 | robe 예복, 법복 | wear 입다, 쓰다, 신다 | monk 수도승 | nun 수녀 | order 종파 | specific 구체적인, 특정한 | particular 특정한 | beverage 음료 | describe 묘사하다 | notice 주목하다, 의식하다

MP3 18-01

Shadow speak

낭독 훈련을 충분히 하여 문장이 어느 정도 입에 붙었다면, 이번에는 스크립트 없이 오디오를 들으면서 한 박자 천천히 섀도우스피킹(그림자 따라 말하기)을 해 보세요.

섀도우스피킹을 할 때에는 따라 말하면서 오디오에서 나오는 소리를 동시에 들어야 합니다.

1☐ 2☐ 3☐ 4☐ 5☐ 6☐ 7☐ 8☐

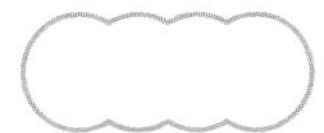

Questions & Answers

스토리에 나온 문장을 활용하여 질문에 답해 보세요.

1 **What** has happened to coffee culture in the last few decades?

▸ Coffee culture has

2 **Where** does the name cappuccino come from?

▸ It originates from

3 **What** was the color of the hooded robes?

▸

MP3 18-03

Summarize

앞서 낭독 훈련한 스토리의 중심 생각을 담아 요약해서 말해 보세요.

The coffee we know as cappuccino comes from monks and nuns of the capuchin order.
They wore red-brown hoods that were similar to the color of the cappuccino coffee today.
The word cappuccino has been used to describe the coffee drink since the 20th century.

Storytelling

앞서 낭독 훈련한 스토리를 기억하여 실제로 스토리텔링할 수 있는지 빈칸에 알맞은 말을 넣어 스토리텔링해 보세요. 기억이 잘 안 난다면 우리말 해석을 보고 빈칸을 채워서 말해 보세요.

1 These days you can see a c______ shop on the c______ of every street.	요즘 당신은 길모퉁이마다 커피숍을 하나씩 볼 수 있다.
2 Coffee c______ has really become p______ in the last few d______.	커피 문화는 지난 몇 십 년에 걸쳐 상당히 대중화되었다.
3 And there a______ so many d______ kinds of coffee.	그리고 다른 종류의 커피도 정말 많다.
4 O______ of the m______ l______ coffees is 'cappuccino.'	가장 사랑받는 커피 중의 하나가 '카푸치노'이다.
5 Now can you g______ where the n______ cappuccino c______ f______?	그럼 당신은 이 카푸치노라는 이름이 어디서 유래하는지 짐작할 수 있겠는가?
6 It o______ from the I______ word cappuccino w______ means "h______."	카푸치노는 "후드"를 의미하는 이탈리아 말 카푸치노에서 유래한다.
7 It's the h______ robes w______ by monks and nuns of the capuchin o______.	이것은 카푸친 종파의 수도승과 수녀가 입었던 모자가 달린 예복을 말한다.

8 Capuchin was the n given to them m , “hood-wearing.”

카푸친이란 말은 “후드를 쓴”이라는 의미로 그들에게 주어진 별명이었다.

9 A the 17th century, the w “capuchin” came to mean the s c of their hooded robes.

17세기 경 “카푸친”이란 말은 그들 예복의 특정 색깔을 의미하게 됐다.

10 The color was a r and was only worn by this p group of m and n .

그 색깔은 붉은 갈색이었고 오로지 이 특정한 수도승과 수녀 집단에 의해서만 착용되었다.

11 The coffee b gets its n from the color of the h r .

카푸치노 음료는 그 모자 달린 예복의 색깔로부터 그 이름을 얻는다.

12 In the 20th c , the word cappuccino was f used to d the coffee beverage we e today.

20세기 들어 카푸치노라는 말이 오늘날 우리가 즐기는 커피 음료를 묘사하기 위해 처음 사용됐다.

13 The n time you enjoy a nice hot cappuccino, n its red-brown color.

다음번에 당신이 향기로운 핫 카푸치노를 즐길 때 그것의 붉은 갈색을 한 번 주목해보라.

Bluetooth

블루투스

starting time	y m d :
finishing time	y m d :

MP3 19-01

Listen

잘 듣고 다음 이야기의 내용을 얼마나 이해할 수 있는지 확인해 보세요.

Step 2

MP3 19-02

Listen & Repeat

오디오를 들으면서 큰 소리로 따라 말해 보세요.

듣고 따라 말할 때는 의미를 생각하면서 말하려고 노력하세요.

스크립트 보면서 듣고 따라 말하기

1 ☐ 2 ☐ 3 ☐ 4 ☐ 5 ☐ 6 ☐ 7 ☐ 8 ☐

스크립트 안 보고 듣고 따라 말하기

1 ☐ 2 ☐ 3 ☐ 4 ☐ 5 ☐ 6 ☐ 7 ☐ 8 ☐

/ 끊어 읽기　**볼드** 강세를 두어 읽는 부분　◡ 연음

1 As you **enter** the **technological world**, / you'll **run** into some **jargon** / **here** and **there**.

당신이 테크놀로지로 가득 찬 세상을 접할 때 / 당신은 전문용어들과 부딪히게 될 것이다 / 여기저기서

2 **Bluetooth** might be / **one** of the **many terms** / you'll **hear**.

블루투스도 아마 ~일 것이다 / 그런 수많은 용어 중 하나 / 당신이 듣게 될

3 This **unusual name, Bluetooth** / is **wireless technology**

이 특이한 이름, 블루투스는 / 데이터 통신용 무선 기술을 말한다

for **exchanging data** / over **short distances**.
근거리의

4 When you **hear** it for the **first time**, / you **probably wonder** /
당신이 이 용어를 처음 들을 때 당신은 아마도 궁금할 것이다

where this **name came from**.
이 이름이 어디서 왔는지

5 **Here**'s the **story** of its **origin**.
여기 그 유래에 관한 이야기가 있다

6 The **word "Bluetooth" comes** /
"블루투스"란 말은 비롯한다

from the **tenth-century King**
10세기의 하랄 블루투스 왕에서

Harald Bluetooth.

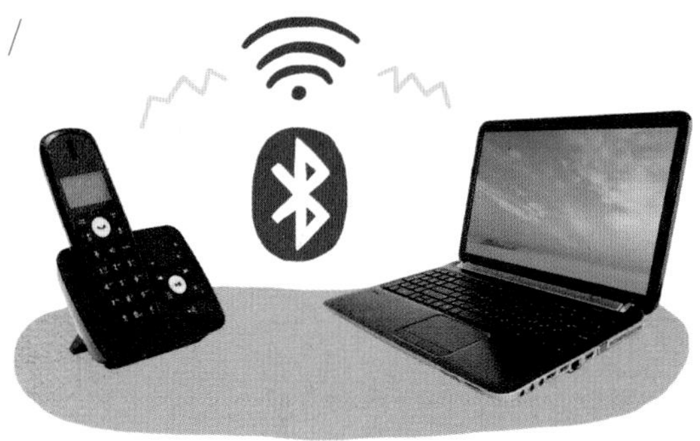

7 **He** was **famous** /
그는 유명했다

for **uniting** several **Danish tribes** into a **single kingdom**.
여러 덴마크 종족들을 단일 왕국으로 통합한 것으로

8 The **idea** to **use** his **name** / was **proposed** in **1997** / by **Jim Kardach**.
블루투스 왕의 이름을 사용할 생각은 1997년 제안되었다 짐 카다크에 의해

9 **He** had **developed** a **system** / that **enables mobile phones** to **communicate** with **computers**.
그는 시스템을 개발했다 무선전화를 컴퓨터와 통신할 수 있게 하는

10 At that **time,** / he was **reading** a **historical novel** / **called** ‘The

그 당시 그는 역사 소설을 읽고 있었다 ‘긴 함선’이라 불리는

Long Ships.’

11 **It** was about the **Vikings** and **King Harald Bluetooth**.

그 소설은 바이킹과 하랄 블루투스 왕에 관한 것이었다

12 **This gave Kardach** the **idea** / to **use Bluetooth** as the **name**

이것이 카다크에게 생각을 주었다 블루투스를 자신의 기술명으로 사용하자는

for his **technology**.

13 The **reason** is / that **Bluetooth does** the **same** / with **com-**

그 이유는 ~이다 블루투스 기술도 똑같은 일을 한다는 통신규약 측면에서

munications protocols.

14 It **unites** the **devices together** / **just** like **King Bluetooth**

이 기술은 기기들을 통합시킨다 블루투스 왕이 여러 종족들에게 한 것처럼

did the **tribes**.

15 As **technology develops,** / **don’t** be **surprised** / if you **hear**

기술이 발달함에 따라 놀라지 마라 만약 당신이 더 이상한

more **odd terms** / like **Bluetooth**.

용어들을 듣더라도 블루투스 같이

Words & Expressions

jargon 전문용어 | term 용어 | wireless 무선의 | distance 거리 | origin 기원 | unite 통합하다 | propose 제안하다 | enable 가능케 하다 | historical 역사적인 | protocol 프로토콜, 규약 | device 기기, 기계 | odd 이상한, 특이한

MP3 19-01

Shadow speak

낭독 훈련을 충분히 하여 문장이 어느 정도 입에 붙었다면, 이번에는 스크립트 없이 오디오를 들으면서 한 박자 천천히 섀도우스피킹(그림자 따라 말하기)을 해 보세요.

섀도우스피킹을 할 때에는 따라 말하면서 오디오에서 나오는 소리를 동시에 들어야 합니다.

1☐ 2☐ 3☐ 4☐ 5☐ 6☐ 7☐ 8☐

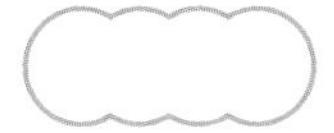

Questions & Answers

스토리에 나온 문장을 활용하여 질문에 답해 보세요.

1 **What** is Bluetooth technology?

▶ It is

2 **Where** does the word "Bluetooth" come from?

▶ It comes

3 **Why** did Jim Kardach want to use Bluetooth as the name for his technology?

▶ Because it unites

MP3 19-03

Summarize

앞서 낭독 훈련한 스토리의 중심 생각을 담아 요약해서 말해 보세요.

Bluetooth technology gets its name from the 10th century King Harald Bluetooth.
He is famous for uniting several Danish tribes into one kingdom.
Similarly, Bluetooth technology unites electronic devices together.

Step 4 **Storytelling**

앞서 낭독 훈련한 스토리를 기억하여 실제로 스토리텔링할 수 있는지 빈칸에 알맞은 말을 넣어 스토리텔링해 보세요. 기억이 잘 안 난다면 우리말 해석을 보고 빈칸을 채워서 말해 보세요.

1	As you enter the t______ world, you'll run into some j______ here and there.	당신이 테크놀로지로 가득 찬 세상을 접할 때 당신은 여기저기서 전문용어들과 부딪히게 될 것이다.
2	B______ might be o______ of the many t______ you'll hear.	블루투스도 아마 당신이 듣게 될 그런 수많은 용어 중 하나일 것이다.
3	This u______ name, Bluetooth is w______ technology for e______ data over s______ distances.	이 특이한 이름, 블루투스는 근거리의 데이터 통신용 무선 기술을 말한다.
4	When you hear it for the f______ time, you probably wonder w______ this name c______ from.	당신이 이 용어를 처음 들을 때 당신은 아마도 이 이름이 어디서 왔는지 궁금할 것이다.
5	H______ the story of its o______.	여기 그 유래에 관한 이야기가 있다.
6	The w______ "Bluetooth" comes from the t______ K______ Harald Bluetooth.	"블루투스"란 말은 10세기의 하랄 블루투스 왕에서 비롯한다.
7	He was f______ for u______ several Danish t______ into a s______ kingdom.	그는 여러 덴마크 종족들을 단일 왕국으로 통합한 것으로 유명했다.
8	The i______ to use his n______ was p______ in 1997 by Jim Kardach.	블루투스 왕의 이름을 사용할 생각은 1997년 짐 카다크에 의해 제안되었다.

9 He had d a system that e mobile phones to c with computers.

그는 무선전화를 컴퓨터와 통신할 수 있게 하는 시스템을 개발했다.

10 At that time, he was reading a h n called 'The L S .'

그 당시 그는 '긴 함선'이라고 불리는 역사 소설을 읽고 있었다.

11 It was about the V and K H B .

그 소설은 바이킹과 하랄 블루투스 왕에 관한 것이었다.

12 This g Kardach the i to use Bluetooth as the name f his technology.

이것이 카다크에게 블루투스를 자신의 기술명으로 사용하자는 생각을 주었다.

13 The r is that Bluetooth does the s with c p .

그 이유는 통신규약 측면에서 블루투스 기술도 똑같은 일을 하기 때문이다.

14 It unites the d together just l King Bluetooth did the t .

블루투스 왕이 여러 종족들에게 한 것처럼 이 기술은 기기들을 통합시킨다.

15 As t develops, don't be s if you hear more o t like Bluetooth.

기술이 발달함에 따라 블루투스 같이 더 이상한 용어들을 듣더라도 놀라지 마라.

Digital Undertaker (Reputation Manager)

디지털 장의사

starting time	y m d :
finishing time	y m d :

MP3 20-01

Listen

잘 듣고 다음 이야기의 내용을 얼마나 이해할 수 있는지 확인해 보세요.

Step 2

MP3 20-02

Listen & Repeat

오디오를 들으면서 큰 소리로 따라 말해 보세요.

듣고 따라 말할 때는 의미를 생각하면서 말하려고 노력하세요.

스크립트 보면서 듣고 따라 말하기

1☐ 2☐ 3☐ 4☐ 5☐ 6☐ 7☐ 8☐

스크립트 안 보고 듣고 따라 말하기

1☐ 2☐ 3☐ 4☐ 5☐ 6☐ 7☐ 8☐

/ 끊어 읽기 **볼드** 강세를 두어 읽는 부분 ◡ 연음

1 **These days,** / as a **result** of **technological developments,** /
요즘엔 기술 발달의 결과로

many **new digital concepts** have **popped up**.
수많은 신(新) 디지털 개념이 튀어나왔다

2 **Maybe** / you've **heard** of **digital dementia** or **IoT**, / the
아마도 당신은 디지털 치매 혹은 IoT에 대해 들어봤을 것이다 사물

acronym for **Internet** of **Things**.
인터넷을 나타내는 약자

3 **Digital dementia means** / **people increasingly** rely on **tech-**
디지털 치매는 의미한다 사람들이 점점 더 기술에 의존하는 걸

nology / instead of their **brains**.
자신들의 뇌(기억) 대신

4 **IoT** is the **idea** / that **all objects** can be **managed** / by **com-**
사물인터넷은 ~ 생각이다 모든 사물이 관리될 수 있다는 컴퓨터로

puters.

5 **Now then**, / **what** does a **digital undertaker** or **reputation**
그렇다면 디지털 장의사 또는 평판 관리자는 뭘 하는 걸까?

manager do?

6 **Most people have** an **Internet footprint** / **nowadays**.
대부분의 사람들이 인터넷상에 발자국을 남긴다 요즘에는

7 If you **have** a **Facebook account** / or ever **commented** on a
만일 당신이 페이스북 계정을 갖고 있다면 혹은 블로그에 코멘트를 한 적이 있다

blog, / **then** your **name** can be **found** / in an **Internet search**.
그럼 당신의 이름은 찾아질 수 있다 인터넷 검색으로

8 But **sometimes** / there is **negative information** / about us.
그런데 가끔은 부정적인 정보가 있다 우리에 관한

9 **What if** you **want this**
만약 당신이 이런 걸 없애고 싶다면 어떻겠는가?

to **go away**?

10 **Then** / a **digital undertaker** or
그때 디지털 장의사나 평판 관리자가

reputation manager / can **help** you **do that.**
당신이 그렇게 하도록 도움을 줄 수 있다

11 **They** will **get rid** of any **bad information** / about you /
그들은 모든 나쁜 정보를 없앨 것이다 당신에 관한

found on the **Internet.**
인터넷에서 발견되는

12 The **digital undertaker** will **literally bury** it, / so it **can't**
디지털 장의사는 문자 그대로 그런 정보를 묻어버릴 것이다 그래서 그것은

be **found.**
찾아질 수 없다

13 **Not only** can **this help** you / but it might be **useful** / for your
이것은 당신을 도울 수 있을 뿐만 아니라 그것은 유용할지 모른다 당신의 기업에도

company as well.

14 If your **company has** a **PR issue** on the **Internet,** / **now** you
만약 당신의 회사가 인터넷에서 홍보관련 문제가 있다면 이제 당신은 안다

know / **who** to **call.**
누구를 부를지

15 **Contact** a **digital undertaker** or **reputation manger** / to
디지털 장의사나 평판 관리자에게 연락을 한번 해보라

clean your **slate.**
당신의 오점 없는 이력을 위해

Words & Expressions

undertaker 장의사 | reputation 평판 | pop up 불쑥 나타나다 | dementia 치매 | acronym 약자, 두문자어 | rely on ~에 의존하다 | footprint 발자국 | account 계정 | comment 코멘트하다 | literally 문자 그대로 | bury 묻다, 매장하다 | as well 또한 | PR(=public relation) 홍보 | slate 석판, 후보자 명부 *cf.* a clean slate 흠잡을 데 없는 경력, 백지상태, 새출발 | remove 없애다

MP3 20-01

Shadow speak

낭독 훈련을 충분히 하여 문장이 어느 정도 입에 붙었다면, 이번에는 스크립트 없이 오디오를 들으면서 한 박자 천천히 섀도우스피킹(그림자 따라 말하기)을 해 보세요.

섀도우스피킹을 할 때에는 따라 말하면서 오디오에서 나오는 소리를 동시에 들어야 합니다.

1☐ 2☐ 3☐ 4☐ 5☐ 6☐ 7☐ 8☐

Questions & Answers

스토리에 나온 문장을 활용하여 질문에 답해 보세요.

1 **Why** have many new digital concepts popped up these days?

▸ These days,

2 **Why** does digital dementia occur?

▸ Because people increasingly

3 **What** will digital undertakers do for you?

▸ They will get rid of

MP3 20-03

Summarize

앞서 낭독 훈련한 스토리의 중심 생각을 담아 요약해서 말해 보세요.

If there is any bad information on the Internet about you, then digital undertakers can help.
Also called reputation managers, they find and remove negative data about you from the Internet.
If a company has a PR problem on the Internet, they could use this new 21st century service.

Storytelling

앞서 낭독 훈련한 스토리를 기억하여 실제로 스토리텔링할 수 있는지 빈칸에 알맞은 말을 넣어 스토리텔링해 보세요. 기억이 잘 안 난다면 우리말 해석을 보고 빈칸을 채워서 말해 보세요.

1 These days, as a r________ of technological developments, many new d________ c________ have popped up.

기술 발달의 결과로 요즘엔 수많은 신(新) 디지털 개념이 튀어나왔다.

2 Maybe you've heard of d________ d________ or IoT, the acronym for I________ of T________.

아마도 당신은 디지털 치매 혹은 사물인터넷을 나타내는 약자 IoT에 대해 들어봤을 것이다.

3 Digital dementia m________ people increasingly r________ on technology i________ of their b________.

디지털 치매는 사람들이 자신들의 뇌(기억)보다 기술에 점점 더 의존하는 걸 의미한다.

4 IoT is the i________ that all o________ can be m________ by c________.

사물인터넷은 모든 사물이 컴퓨터로 관리될 수 있다는 생각이다.

5 Now then, what does a d________ u________ or r________ m________ do?

그렇다면 디지털 장의사 또는 평판 관리자는 뭘 하는 걸까?

6 M________ people have an i________ f________ nowadays.

요즘에는 대부분의 사람들이 인터넷상에 발자국을 남긴다.

7 If you have a F________ a________ or ever c________ on a blog, then your name can be f________ in an Internet s________.

만일 당신이 페이스북 계정을 갖고 있거나 블로그에 코멘트를 했다면 그럼 당신의 이름은 인터넷 검색으로 찾아질 수 있다.

8 But sometimes there is n
i about us.

그런데 가끔은 우리에 관한 부정적인 정보가 있다.

9 W i you want this to
g a ?

만약 당신이 이런 걸 없애고 싶다면 어떻겠는가?

10 Then a d u or
r m can help you
d that.

그때 디지털 장의사나 평판 관리자가 당신이 그렇게 하도록 도움을 줄 수 있다.

11 They will g r
o any bad information about
you f on the Internet.

그들은 인터넷에서 발견되는 당신에 관한 모든 나쁜 정보를 없앨 것이다.

12 The digital undertaker will l
b it, so it c be found.

디지털 장의사는 문자 그대로 그런 정보를 묻어버려서 그것은 찾아질 수 없다.

13 N o can this help
you but it might be u for your
company a w .

이것은 당신을 도울 수 있을 뿐만 아니라 당신의 기업에도 유용할지 모른다.

14 I your company has a PR
i on the Internet, now you
know w to c .

만약 당신의 회사가 인터넷에서 홍보 관련 문제가 있다면 이제 당신은 누구를 부를지 안다.

15 C a digital undertaker or
reputation manger to c your
s .

당신의 오점 없는 이력을 위해 디지털 장의사나 평판 관리자에게 연락을 한 번 해보라.

Chapter 02

감동 에피소드

Power of Asking

요청의 힘

starting time	y	m	d	:
finishing time	y	m	d	:

MP3 21-01

Listen

잘 듣고 다음 이야기의 내용을 얼마나 이해할 수 있는지 확인해 보세요.

Step 2

MP3 21-02

Listen & Repeat

오디오를 들으면서 큰 소리로 따라 말해 보세요.

듣고 따라 말할 때는 의미를 생각하면서 말하려고 노력하세요.

스크립트 보면서 듣고 따라 말하기

1☐ 2☐ 3☐ 4☐ 5☐ 6☐ 7☐ 8☐

스크립트 안 보고 듣고 따라 말하기

1☐ 2☐ 3☐ 4☐ 5☐ 6☐ 7☐ 8☐

/ 끊어 읽기 **볼드** 강세를 두어 읽는 부분 ◡ 연음

1 A **12** year-old **boy** / was **working** / on a **school project**.

열두 살짜리 소년이 하고 있었다 학교 숙제를

2 He **needed** / some **special parts** / to **finish** it.

그는 필요했다 특별한 부품이 좀 그 숙제를 끝내려면

3 He **decided** / the **best way** was / to **ask someone** / for the **parts**.

소년은 판단했다 제일 좋은 방법은 ~라고 누군가에게 부탁하는 거라고 그 부품을

4 Someone **suggested** a **company** / he could **call**.
누군가가 한 회사를 알려주었다 그가 전화를 해볼 만한

5 **So** / the **boy found** the **number** / in the **phone book** /
그래서 소년은 번호를 찾았다 전화번호부에서

and **called** the **company's owner**.
그리고 그 회사 사장에게 전화를 걸었다

6 He **explained** / that he was a **12**-year old **student** /
그는 설명했다 자신이 열두 살인 학생이라고

and **asked** for his **help**.
그리고 사장의 도움을 요청했다

7 The **man** was **impressed** / with the **young boy** /
사장은 감탄을 했다 그 어린 소년에게

and was **happy** to **give** him the **parts**.
그리고 기꺼이 그에게 부품을 주고자 했다

8 The **young boy went** to the
어린 소년은 회사에 갔다

company / to **pick** them **up**.
부품들을 가지러

9 He **got** the **parts** / he **needed** / and was **also offered** a
그는 부품을 얻었다 자신이 필요로 한 그리고 여름철 아르바이트 자리 또한 제안을 받았다

summer **job** / at the **company**.
그 회사에서

10 The **man** who **owned** the **company** / was **Bill Hewlett** /
그 회사를 소유한 사람은 빌 휴렛이었다

of **Hewlett-Packard Company**.
휴렛패커드사의

11 **Can** you **guess** / **who** the **young boy** was?
짐작하겠는가? 그 어린 소년이 누구였는지

12 **He** was the **founder** of **Apple Computer**, / **Steve Jobs**.
그 소년은 애플 컴퓨터의 창업자였다 스티브 잡스

13 **Steve Jobs** used to **say** / that the **real secret** /
스티브 잡스는 말하곤 했다 진짜 비결은

behind his **success** / was the **power** of **asking**.
그의 성공 뒤에 있는 요청의 힘이었다고

Words & Expressions

part 부품 | suggest 제안하다, 추천하다 | owner 소유주 | ask for help 도움을 요청하다 | be impressed with ~에 깊은 인상을 받다 | pick ~ up ~을 가지러 가다 | offer 제의하다 | founder 설립자 | used to ~하곤 했다

MP3 21-01

Step 3 Shadow speak

낭독 훈련을 충분히 하여 문장이 어느 정도 입에 붙었다면, 이번에는 스크립트 없이 오디오를 들으면서 한 박자 천천히 섀도우스피킹(그림자 따라 말하기)을 해 보세요.

섀도우스피킹을 할 때에는 따라 말하면서 오디오에서 나오는 소리를 동시에 들어야 합니다.

1 ☐ 2 ☐ 3 ☐ 4 ☐ 5 ☐ 6 ☐ 7 ☐ 8 ☐

Questions & Answers

스토리에 나온 문장을 활용하여 질문에 답해 보세요.

1 **Why** did the boy call the company?

▶ Because

2 **What** did the boy get besides the special parts?

▶

3 **Who** was the company owner?

▶

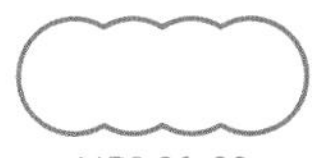

MP3 21-03

Summarize

앞서 낭독 훈련한 스토리의 중심 생각을 담아 요약해서 말해 보세요.

The best way to get what you want in life is to ask.
Don't be afraid to ask.
The worst that can happen is that someone might say "No".
But you will be surprised how often people say "Yes".

Step 4 **Storytelling**

앞서 낭독 훈련한 스토리를 기억하여 실제로 스토리텔링할 수 있는지 빈칸에 알맞은 말을 넣어 스토리텔링해 보세요. 기억이 잘 안 난다면 우리말 해석을 보고 빈칸을 채워서 말해 보세요.

1 A 12 year-old boy was w______ on a school project.	열두 살짜리 소년이 학교 숙제를 하고 있었다.
2 He n______ some s______ p______ to f______ it.	그 숙제를 끝내려면 그는 특별한 부품이 좀 필요했다.
3 He d______ the best way was to a______ someone for the p______.	제일 좋은 방법은 누군가에게 그 부품을 부탁하는 거라고 소년은 판단했다.
4 Someone s______ a c______ he could c______.	그가 전화를 해볼 만한 한 회사를 누군가가 알려주었다.
5 So the boy f______ the n______ in the phone book and called the company's o______.	그래서 소년은 전화번호부에서 번호를 찾아 그 회사 사장에게 전화를 걸었다.
6 He e______ that he was a 12-year old student and a______ for his h______.	그는 자신이 열두 살인 학생이라고 설명하고 사장의 도움을 요청했다.
7 The man was i______ with the young boy and was h______ to g______ him the parts.	사장은 그 어린 소년에게 감탄을 해서 기꺼이 그에게 부품을 주고자 했다.

8 The young boy w to the company to p them up.

어린 소년은 부품들을 가지러 회사에 갔다.

9 He g the parts he n and was also o a summer job at the company.

그는 자신이 필요로 한 부품을 얻었고 그 회사에서 여름철 아르바이트 자리 또한 제안을 받았다.

10 The man who o the company was Bill Hewlett of Hewlett-Packard Company.

그 회사를 소유한 사람은 휴렛패커드 사의 빌 휴렛이었다.

11 Can you g who the young boy was?

그 어린 소년이 누구였는지 짐작하겠는가?

12 He was the f of Apple Computer, Steve Jobs.

그 소년은 애플 컴퓨터의 창업자 스티브 잡스였다.

13 Steve Jobs u to say that the real s behind his s was the p of asking.

스티브 잡스는 그의 성공 뒤에 있는 진짜 비결은 요청의 힘이었다고 말하곤 했다.

Changing Perspectives

시각을 바꾸는 법

starting time	y m d :
finishing time	y m d :

MP3 22-01

Listen

잘 듣고 다음 이야기의 내용을 얼마나 이해할 수 있는지 확인해 보세요.

Step 2

MP3 22-02

Listen & Repeat

오디오를 들으면서 큰 소리로 따라 말해 보세요.

듣고 따라 말할 때는 의미를 생각하면서 말하려고 노력하세요.

스크립트 보면서 듣고 따라 말하기

1 ☐ **2** ☐ **3** ☐ **4** ☐ **5** ☐ **6** ☐ **7** ☐ **8** ☐

스크립트 안 보고 듣고 따라 말하기

1 ☐ **2** ☐ **3** ☐ **4** ☐ **5** ☐ **6** ☐ **7** ☐ **8** ☐

/ 끊어 읽기 **볼드** 강세를 두어 읽는 부분 ◡ 연음

1 In a **small town** / **lived** an **artist**.

작은 마을에 / 한 예술가가 살았다

2 He **always dreamed** / of **painting** the **perfect picture** /

그는 항상 꿈꿨다 / 완벽한 그림을 그리기를

that **everyone** would **like**.

모든 사람이 좋아할 만한

3 **So** / he **worked hard** / and **painted** a **picture**.

그래서 / 그는 열심히 노력했다 / 그리고 그림을 하나 그렸다

4 **Next** / he **placed** it / in the **middle** of **town** / with a **sign**.
그런 다음 그는 그림을 두었다 마을 복판에 푯말과 함께

5 It **said**, / "Please **mark** any **parts** of the **picture** / you **don't like**."
푯말에는 쓰여 있었다 "그림에서 어떤 부분이든 표시를 좀 해주세요 마음에 들지 않는"이라고

6 When he **came back** / the **next day**, / **so many parts** of the **picture** were **marked**.
그가 돌아왔을 때 그다음 날 그림의 수많은 부분이 표시가 되어 있었다

7 **He** was **really disappointed** / with the **negative response**.
그 예술가는 무척 실망을 하고 말았다 그런 부정적인 반응에

8 He **went home** / with the **picture** / and **thought** about **what** to **do**.
그는 집으로 돌아갔다 그림을 가지고 그리고 어떻게 해야 할지 고심을 했다

9 The **next day** / he **copied** the **same picture** / and **took** it into **town**.
그다음 날이 되자 그는 똑같은 그림을 다시 그렸다 그리고 그것을 마을로 가지고 갔다

10 But **this time** / he **changed** the **sign** / by **omitting** just **one word**.
그런데 이번에는 그는 푯말을 좀 바꿨다 딱 한 글자를 빼서

11 It **now said**, / "Please **mark** any **parts** of the **picture** / you **like**."
푯말에는 이제 쓰여 있었다 "그림에서 어떤 부분이든 표시를 좀 해주세요 마음에 드는"이라고

12 The **next day**, / **sure enough** / **most parts** were **marked**.
그다음 날 아니나다를까 대부분이 표시가 되어 있었다

13 He **realized** / that the **slightly different phrases** / could **change** the **way** / people **saw** the **picture**.
그 예술가는 깨달았다 약간 다른 표현이 방식을 바꿀 수 있음을 사람들이 그림을 보는

Words & Expressions

perfect 완벽한 | place 위치시키다, 놓다 | sign 푯말 | mark 표시하다 | disappointed 실망한 | negative 부정적인 | response 반응, 응답 | omit 생략하다 | sure enough 아니나다를까 | slightly 약간 | phrase 어구, 문구

Step 3

Shadow speak

낭독 훈련을 충분히 하여 문장이 어느 정도 입에 붙었다면, 이번에는 스크립트 없이 오디오를 들으면서 한 박자 천천히 섀도우스피킹(그림자 따라 말하기)을 해 보세요.

섀도우스피킹을 할 때에는 따라 말하면서 오디오에서 나오는 소리를 동시에 들어야 합니다.

MP3 22-01

1 ☐ 2 ☐ 3 ☐ 4 ☐ 5 ☐ 6 ☐ 7 ☐ 8 ☐

Questions & Answers

스토리에 나온 문장을 활용하여 질문에 답해 보세요.

1 **What** did the artist always dream of?

▶

2 **Where** did the artist place the picture?

▶

3 **How** did the artist change the sign?

▶

MP3 22-03

Summarize

앞서 낭독 훈련한 스토리의 중심 생각을 담아 요약해서 말해 보세요.

We need to understand how people react to what we say.
A small change in words can give people a completely different perspective.
Give a little more thought to how you communicate with others.

Storytelling

앞서 낭독 훈련한 스토리를 기억하여 실제로 스토리텔링할 수 있는지 빈칸에 알맞은 말을 넣어 스토리텔링해 보세요. 기억이 잘 안 난다면 우리말 해석을 보고 빈칸을 채워서 말해 보세요.

1 In a small town l＿＿＿ an artist.	작은 마을에 한 예술가가 살았다.
2 He always d＿＿＿ of painting the p＿＿＿ p＿＿＿ that everyone would like.	그는 모든 사람이 좋아할 만한 완벽한 그림을 그리기를 항상 꿈꿨다.
3 So he worked h＿＿＿ and p＿＿＿ a picture.	그래서 그는 열심히 노력해서 그림을 하나 그렸다.
4 Next he p＿＿＿ it in the m＿＿＿ of town with a s＿＿＿.	그런 다음 그는 그림을 마을 복판에 푯말과 함께 두었다.
5 It said, "Please m＿＿＿ any parts of the p＿＿＿ you d＿＿＿ like."	푯말에는 "그림에서 마음에 들지 않는 어떤 부분이든 표시를 좀 해주세요."라고 쓰여 있었다.
6 When he came b＿＿＿ the next day, so many p＿＿＿ of the picture were m＿＿＿.	그다음 날 그가 돌아왔을 때, 그림의 수많은 부분이 표시가 되어 있었다.
7 He was really d＿＿＿ with the n＿＿＿ r＿＿＿.	그 예술가는 그런 부정적인 반응에 무척 실망을 하고 말았다.

8 He went h with the p and t about w to do.

그는 그림을 가지고 집으로 돌아가 어떻게 해야 할지 고심을 했다.

9 The n day he c the same picture and took it into t .

그다음 날이 되자 그는 똑같은 그림을 다시 그려서 마을로 갖고 갔다.

10 But this time he c the sign by o just o word.

그런데 이번에는 딱 한 글자를 빼서 푯말을 좀 바꿨다.

11 It now s , "Please m any parts of the p you l ."

푯말에는 이제 "그림에서 마음에 드는 어떤 부분이든 표시를 좀 해주세요."라고 쓰여 있었다.

12 The next day, s e most parts were m .

그다음 날 아니나다를까 대부분이 표시가 되어 있었다.

13 He r that the slightly d p could change the w people s the picture.

그 예술가는 약간 다른 표현이 사람들이 그림을 보는 방식을 바꿀 수 있음을 깨달았다.

How You Succeed in Sales

세일즈에서 성공하는 법

starting time	y m d :
finishing time	y m d :

MP3 23-01

Listen

잘 듣고 다음 이야기의 내용을 얼마나 이해할 수 있는지 확인해 보세요.

Step 2

MP3 23-02

Listen & Repeat

오디오를 들으면서 큰 소리로 따라 말해 보세요.

듣고 따라 말할 때는 의미를 생각하면서 말하려고 노력하세요.

스크립트 보면서 듣고 따라 말하기

1☐ 2☐ 3☐ 4☐ 5☐ 6☐ 7☐ 8☐

스크립트 안 보고 듣고 따라 말하기

1☐ 2☐ 3☐ 4☐ 5☐ 6☐ 7☐ 8☐

/ 끊어 읽기 **볼드** 강세를 두어 읽는 부분 ◡ 연음

1 Have you **heard** of the **famous writer**, / **Somerset Maugham**?

유명한 작가에 대해 들어봤는가? 서머셋 몸이라는

2 **He** is the **author** / of 'The **Moon** and **Sixpence**.'

그는 저자이다 '달과 6펜스'의

3 **Before** he **became** a **well-known novelist**, / **he** was **just** a **struggling writer**.

그가 유명한 소설가가 되기 전 그는 생활고에 시달리는 그저 그런 작가였다

4 **One day** / when he **finished** his **new novel**, / he **wanted** to **make more money** / from the **book**.

어느 날 / 그가 새 소설을 탈고했을 때 / 그는 더 많은 돈을 벌고 싶었다 / 그 책으로

5 **So** / he **thought a lot** about it / and **came up** with an **idea**.

그래서 / 그는 그에 관해 많은 생각을 했다 / 그리고 아이디어를 하나 냈다

6 The **idea** was / to **run** a '**want-ad**' for a **wife** / in the **newspaper**.

그 아이디어는 ~이었다 / 아내를 구하는 구인광고를 내는 것 / 신문에

7 The **ad said** the **following**:
광고의 내용은 다음과 같았다

8 **"Fond** of **music,** / **skillful sportsman,** / and **millionaire,** /
'음악을 좋아하며 뛰어난 스포츠 맨에 백만장자인 사람이

looking for a **woman** / just like the **main character** / in the
여성을 찾습니다 주인공과 똑같은

novel by **Somerset Maugham."**
서머셋 몸이 쓴 소설의'

9 The **next morning,** / a **group** of **women** were **looking** for his
그다음 날 아침 한 무리의 여성들이 그의 책을 찾고 있었다

book / in the **store.**
서점에서

10 A **few days later,** / **most** of the **women** in **town** / **wanted** to
며칠이 지나자 장안의 거의 모든 여성들이 그 책을 읽고 싶어 했다

read the **book.**

11 Within a **couple** of **weeks,** / his **novel became** a **bestseller.**
몇 주 안에 그의 소설은 베스트셀러가 되었다

Words & Expressions

author 저자 | novelist 소설가 | struggling 발버둥치는, 생활고에 시달리는 | come up with ~을 내놓다, 제시하다 | want-ad 구인광고 | fond of ~을 좋아하는 | skillful 기량이 뛰어난, 능숙한

Step 3

Shadow speak

낭독 훈련을 충분히 하여 문장이 어느 정도 입에 붙었다면, 이번에는 스크립트 없이 오디오를 들으면서 한 박자 천천히 섀도우스피킹(그림자 따라 말하기)을 해 보세요.

MP3 23-01

섀도우스피킹을 할 때에는 따라 말하면서 오디오에서 나오는 소리를 동시에 들어야 합니다.

1☐ 2☐ 3☐ 4☐ 5☐ 6☐ 7☐ 8☐

Questions & Answers

스토리에 나온 문장을 활용하여 질문에 답해 보세요.

1 **Who** was Somerset Maugham before he became a well-known novelist?

▶

2 **What** was the author's idea to make more money from the book?

▶

3 **How long** was it until the author's novel became a bestseller?

▶

Summarize

앞서 낭독 훈련한 스토리의 중심 생각을 담아 요약해서 말해 보세요.

MP3 23-03

If you want to succeed in sales, you shouldn't just go out and try to sell.
Instead, **think how you can motivate people to buy your products.**
Success or failure is a matter of how you approach the problem.

Step 4 **Storytelling**

앞서 낭독 훈련한 스토리를 기억하여 실제로 스토리텔링할 수 있는지 빈칸에 알맞은 말을 넣어 스토리텔링해 보세요. 기억이 잘 안 난다면 우리말 해석을 보고 빈칸을 채워서 말해 보세요.

1 Have you h________ of the famous w________, Somerset Maugham?

서머셋 몸이라는 유명한 작가에 대해 들어봤는가?

2 He is the a________ of 'The Moon and Sixpence.'

그는 '달과 6펜스'의 저자이다.

3 Before he b________ a well-known n________, he was just a s________ writer.

그가 유명한 소설가가 되기 전 그는 생활고에 시달리는 그저 그런 작가였다.

4 One day when he f________ his new n________, he w________ to make more m________ from the book.

어느 날 그가 새 소설을 탈고했을 때 그 책으로 그는 더 많은 돈을 벌고 싶었다.

5 So he t________ a lot about it and c________ up with an i________.

그래서 그는 그에 관해 많은 생각을 했고 아이디어를 하나 냈다.

6 The i________ was to r________ a 'want-ad' for a w________ in the n________.

그 아이디어는 신문에 아내를 구하는 구인광고를 내는 것이었다.

7 The a________ said the f________:

광고의 내용은 다음과 같았다.

8 “F of music, s sportsman, and millionaire, l for a w just like the main c in the novel by Somerset Maugham.”

‘음악을 좋아하며 뛰어난 스포츠맨에 백만장자인 사람이 서머셋 몸이 쓴 소설의 주인공과 똑같은 여성을 찾습니다.’

9 The n morning, a g of women were looking for his b in the s .

그다음 날 아침 한 무리의 여성들이 서점에서 그의 책을 찾고 있었다.

10 A few days l , most of the w in town w to r the book.

며칠이 지나자 장안의 거의 모든 여성들이 그 책을 읽고 싶어 했다.

11 Within a c of w , his novel b a b .

몇 주 안에 그의 소설은 베스트셀러가 되었다.

Mind Game

마인드 게임

starting time	y	m	d	:
finishing time	y	m	d	:

MP3 **24-01**

Listen

잘 듣고 다음 이야기의 내용을 얼마나 이해할 수 있는지 확인해 보세요.

MP3 **24-02**

Listen & Repeat

오디오를 들으면서 큰 소리로 따라 말해 보세요.

듣고 따라 말할 때는 의미를 생각하면서 말하려고 노력하세요.

스크립트 보면서 듣고 따라 말하기

1 ☐ **2** ☐ **3** ☐ **4** ☐ **5** ☐ **6** ☐ **7** ☐ **8** ☐

스크립트 안 보고 듣고 따라 말하기

1 ☐ **2** ☐ **3** ☐ **4** ☐ **5** ☐ **6** ☐ **7** ☐ **8** ☐

/ 끊어 읽기 **볼드** 강세를 두어 읽는 부분 ◡ 연음

1 One **sunny day**, / **students** were **learning** the **high jump** / in a **gym class**.

어느 화창한 날 학생들이 높이뛰기를 배우고 있었다 체육시간에

2 The **gym teacher taught** them / **how** to **clear** the **high bar**.

체육선생님은 학생들에게 가르쳐주었다 가로대를 뛰어 넘는 법을

3 **After** his **lesson**, / he **told** them to **try** it / for **themselves**.

레슨 후 선생님이 학생들에게 시도해보라고 말했다 그들 스스로

4 **One student** was **suddenly filled** / with **fear**.
한 학생이 갑자기 휩싸였다 두려움에

5 **He** was **so afraid** / that he would **fail** / and **just fall** to the **ground**.
그는 너무 무서웠다 자신이 실패할까봐 그리고 그냥 땅에 떨어질까봐

6 He **couldn't move** / at **all**.
그 학생은 꼼짝도 못했다 전혀

7 He **kept saying**, / "I **can't do** it! / I **can't do** it!"
그는 계속 중얼거리고 있었다 "난 못해! 난 못해!"라고

8 The **teacher came** / and **gently put** his **arm** / around the **boy's shoulder**.

선생님이 다가갔다 그리고 부드럽게 자신의 팔을 둘렀다 소년의 어깨에

9 He **said**, / "Son, **you** can **do** it, / and I will **tell** you **how**."

선생님은 말했다 '얘야, 넌 할 수 있어, 그리고 내가 네게 어떻게 하는지 말해줄게.'라고

10 **Then** / he **said something** / the **boy** would **never forget**.

그러면서 선생님은 어떤 말을 해주었다 그 소년이 절대로 잊지 못할

11 "**Throw** your **heart** / over the **bar**, / then / your **body** will **follow**."

"네 마음을 던져 봐. 저 가로대 너머로 그러면 네 몸이 따라갈 거야."

Words & Expressions

high jump 높이뛰기 | gym class 체육시간 | clear (닿지 않고) 뛰어 넘다, 통과하다 | high bar 수평 가로대 | for themselves 그들 스스로 | be filled with ~으로 가득하다 | fear 두려움, 공포 | afraid 두려운 | fail 실패하다 | fall to the ground 땅에 떨어지다 | at all (부정문에서) 전혀 | keep -ing 계속 ~하다 | shoulder 어깨 | throw 던지다 | heart 심장, 마음 | follow 따르다

Step 3

MP3 24-01

Shadow speak

낭독 훈련을 충분히 하여 문장이 어느 정도 입에 붙었다면, 이번에는 스크립트 없이 오디오를 들으면서 한 박자 천천히 섀도우스피킹(그림자 따라 말하기)을 해 보세요.

섀도우스피킹을 할 때에는 따라 말하면서 오디오에서 나오는 소리를 동시에 들어야 합니다.

1☐ 2☐ 3☐ 4☐ 5☐ 6☐ 7☐ 8☐

Questions & Answers

스토리에 나온 문장을 활용하여 질문에 답해 보세요.

1 **Why** was one student suddenly filled with fear?

▶

2 **How** did the teacher first respond to the student's fear?

▶

3 **What** did the teacher say that the boy would never forget?

▶

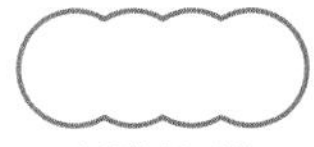

MP3 24-03

Summarize

앞서 낭독 훈련한 스토리의 중심 생각을 담아 요약해서 말해 보세요.

Sometimes, we feel unsure of ourselves.
We might lose our confidence all of a sudden.
But when we try something new, we should believe in ourselves.
All things are possible for one who believes.

Storytelling

앞서 낭독 훈련한 스토리를 기억하여 실제로 스토리텔링할 수 있는지 빈칸에 알맞은 말을 넣어 스토리텔링해 보세요. 기억이 잘 안 난다면 우리말 해석을 보고 빈칸을 채워서 말해 보세요.

1 One s______ day, students were learning the h______ j______ in a gym class.	어느 화창한 날 체육시간에 학생들이 높이뛰기를 배우고 있었다.
2 The gym teacher t______ them h______ to c______ the high bar.	체육선생님은 학생들에게 가로대를 뛰어 넘는 법을 가르쳐주었다.
3 After his l______, he told them to t______ it for t______.	레슨 후 선생님이 학생들에게 그들 스스로 시도해보라고 말했다.
4 One s______ was suddenly f______ with f______.	한 학생이 갑자기 두려움에 휩싸였다.
5 He was so a______ that he would f______ and just f______ to the g______.	그는 자신이 실패해 그냥 땅에 떨어질까봐 너무 무서웠다.
6 He couldn't m______ at all.	그 학생은 전혀 꼼짝도 못했다.
7 He k______ saying, "I c______ do it! I c______ do it!"	그는 '난 못해! 난 못해!'라고 계속 중얼거리고 있었다.

8 The teacher c ______ and gently p ______ his a ______ around the boy's s ______.

선생님이 다가가서 소년의 어깨에 부드럽게 팔을 둘렀다.

9 He said, "Son, you c ______ do it, and I will t ______ you h ______."

선생님은 '얘야, 넌 할 수 있어. 그리고 내가 네게 어떻게 하는지 말해줄게.'라고 말했다.

10 Then he s ______ something the boy would n ______ f ______.

그러면서 선생님은 그 소년이 절대로 잊지 못할 어떤 말을 해주었다.

11 "T ______ your h ______ over the bar, then your b ______ will f ______."

"네 마음을 저 가로대 너머로 던져 봐. 그러면 네 몸이 따라갈 거야."

The Right Successor

올바른 후계자

starting time	y m d :
finishing time	y m d :

MP3 25-01

Listen

잘 듣고 다음 이야기의 내용을 얼마나 이해할 수 있는지 확인해 보세요.

Step 2

MP3 25-02

Listen & Repeat

오디오를 들으면서 큰 소리로 따라 말해 보세요.

듣고 따라 말할 때는 의미를 생각하면서 말하려고 노력하세요.

스크립트 보면서 듣고 따라 말하기

1☐ 2☐ 3☐ 4☐ 5☐ 6☐ 7☐ 8☐

스크립트 안 보고 듣고 따라 말하기

1☐ 2☐ 3☐ 4☐ 5☐ 6☐ 7☐ 8☐

/ 끊어 읽기 **볼드** 강세를 두어 읽는 부분 ◡ 연음

1 An **old businessman** / was **looking** for his **successor**.
나이든 사업가가 자신의 후계자를 찾고 있었다

2 He **gathered all** the **managers** / and made an **announcement**.
그는 모든 매니저를 모아놓았다 그리고 발표를 했다

3 "To **choose** the **right person** as **CEO**, / let me **give you all** a **special seed**."
"최고경영자에 걸맞은 사람을 고르기 위해 내가 여러분 모두에게 특별한 씨앗을 주겠소."

4 **“Care** for **it** / and **come back** / **three months later** / with
“씨앗을 돌보시오 그리고 다시 오시오 3개월 후 여러분이

what you have **grown,”** / the **CEO ordered**.
기른 것을 가지고”라고 최고경영자는 지시했다

5 **One** of the **managers**, **Frank,** / **went home** / and took **good**
매니저 중 한 사람이었던 프랭크는 집으로 갔다 그리고 그 씨앗을 정성스럽게

care of the **seed**.
돌보았다

6 **However**, / he **grew worried** / when after a **few weeks** and
하지만 그는 걱정스러워졌다 몇 주 그리고 심지어 몇 달이 지났을 때도

even months / **nothing grew**.
아무것도 자라지 않자

7 **Three months went** by /
3개월이 지났다

and **Frank** had **no choice** /
그리고 프랭크는 선택권이 없었다

but to **bring** in the **empty pot**.
텅 빈 화분을 가져 가는 것 외에는

8 When he **entered** the **meeting room**, /
그가 회의장에 들어섰을 때

he was **amazed** at the **beautiful plants** /
그는 화려한 식물들에 깜짝 놀랐다

the **others had** with them.
다른 사람들이 가지고 온

9 The **CEO walked** around the **room** / **complimenting** all the
최고경영자는 방을 돌아다녔다 다른 매니저들을 모두 칭찬하면서
other managers.

10 **Then** / he **saw Frank** and his **empty pot**, / and **ordered every-**
그러다 그는 프랭크와 그의 텅 빈 화분을 보았다 그리고 프랭크만 남고 모두에게 앉으라고
one but **Frank** to **sit down**.
지시했다

11 **Frank thought**, / "Oh no, / **I** may be the **first person** / to be **cut**."
프랭크는 생각했다 "이런 어쩌면 내가 처음 사람이 되겠군 잘리는"이라고

12 The **CEO said**, / "You were **all given** a **mission** / to **care** for a
최고경영자가 말했다 "여러분 모두가 임무를 받았소 씨앗을 돌보라는"이라고
seed."

13 "**Actually**, / those **seeds** were **boiled** / and **weren't meant** to
"사실 그 씨앗들은 삶은 것이었소 그리고 자라지 못하는 것이었소
grow / but somehow **everyone** but **Frank** / was **able** to
그런데 어찌된 영문인지 프랭크를 제외한 모든 사람은 씨앗을 자라게 할 수
make it **grow**."
있었구먼."

14 "**Now**, / I **want you** to **meet** our **new president**, / **congratula-**
이제 내가 여러분에게 우리의 새 사장을 소개하겠소 축하하네, 프랭크!"
tions Frank!"

Words & Expressions

successor 후계자 | gather 모으다 | announcement 발표 | CEO 최고경영자(Chief Executive Officer) | seed 씨앗 | care for ~을 돌보다 | grow 자라다 | have no choice but to ~할 도리 외에 없다 | be amazed at ~에 크게 놀라다 | compliment 칭찬하다 | mission 임무 | be meant to 원래 ~하게 되어 있다

Step 3

MP3 25-01

Shadow speak

낭독 훈련을 충분히 하여 문장이 어느 정도 입에 붙었다면, 이번에는 스크립트 없이 오디오를 들으면서 한 박자 천천히 섀도우스피킹(그림자 따라 말하기)을 해 보세요.

섀도우스피킹을 할 때에는 따라 말하면서 오디오에서 나오는 소리를 동시에 들어야 합니다.

1☐ 2☐ 3☐ 4☐ 5☐ 6☐ 7☐ 8☐

Questions & Answers

스토리에 나온 문장을 활용하여 질문에 답해 보세요.

1 **What** did the CEO order to do with the seed?

▸ "Care for

2 **Why** did Frank grow worried?

▸ Because

3 **What** was supposed to happen with those seeds?

▸

Summarize

MP3 25-03

앞서 낭독 훈련한 스토리의 중심 생각을 담아 요약해서 말해 보세요.

Honesty is the best policy.
It is the most basic rule to keep always in our lives.
Good things come to those who are honest.

Storytelling

앞서 낭독 훈련한 스토리를 기억하여 실제로 스토리텔링할 수 있는지 빈칸에 알맞은 말을 넣어 스토리텔링해 보세요. 기억이 잘 안 난다면 우리말 해석을 보고 빈칸을 채워서 말해 보세요.

1 An old b________ was looking for his s________.

나이든 사업가가 자신의 후계자를 찾고 있었다.

2 He g________ all the m________ and made an a________.

그는 모든 매니저들을 모아놓고 발표를 했다.

3 "To c________ the r________ person as CEO, let me g________ you all a special s________."

"최고경영자에 걸맞은 사람을 고르기 위해 여러분 모두에게 특별한 씨앗을 주겠소."

4 "C________ for it and come b________ three months l________ with what you have g________," the CEO o________.

"씨앗을 돌보았다가 3개월 후 여러분이 기른 것을 가지고 다시 오시오."라고 이 최고경영자는 지시했다.

5 One of the m________, Frank, went home and took g________ care of the s________.

매니저 중 한 사람이었던 프랭크는 집으로 가서 씨앗을 정성스럽게 돌보았다.

6 However, he grew w________ when a________ a few weeks and e________ months nothing g________.

하지만 몇 주 그리고 심지어 몇 달이 지났을 때도 아무것도 자라지 않자 그는 걱정스러워졌다.

7 Three m________ went by and Frank had no c________ but to b________ in the e________ pot.

3개월이 지났고 프랭크는 텅 빈 화분을 가져 가는 것 외에는 선택권이 없었다.

8 When he e the meeting room, he was a at the beautiful p the others had w them.

그가 회의장에 들어섰을 때 다른 사람들이 가지고 온 화려한 식물들에 그는 깜짝 놀랐다.

9 The CEO w around the r c all the other m .

최고경영자는 다른 매니저들을 모두 칭찬하면서 방을 돌아다녔다.

10 Then he s Frank and his empty p , and o everyone b Frank to s down.

그러다 그는 프랭크와 그의 텅 빈 화분을 보고서 프랭크만 남고 모두에게 앉으라고 지시했다.

11 Frank t , “Oh no, I may be the f person to be c .”

프랭크는 “이런, 어쩌면 내가 처음 잘리는 사람이 되겠군.”이라고 생각했다.

12 The CEO said, “You were all g a m to c for a s .”

최고경영자가 “여러분 모두가 씨앗을 돌보라는 임무를 받았소.”라고 말했다.

13 “A , those seeds were b and weren’t m to grow but somehow e but Frank was a to make it g .”

“사실 그 씨앗들은 삶은 것이라 자라지 못하는 것이었소. 그런데 어찌된 영문인지 프랭크를 제외한 모든 사람은 씨앗을 자라게 할 수 있었구먼.”

14 “Now, I w you to m our new p , c Frank!”

“이제 내가 여러분에게 우리의 새 사장을 소개하겠소. 축하하네, 프랭크!”

Customer Service of a 10 Year-old Boy

열 살짜리 소년의 고객 서비스

starting time	y	m	d	:
finishing time	y	m	d	:

MP3 26-01

Listen

잘 듣고 다음 이야기의 내용을 얼마나 이해할 수 있는지 확인해 보세요.

Step 2

MP3 26-02

Listen & Repeat

오디오를 들으면서 큰 소리로 따라 말해 보세요.

듣고 따라 말할 때는 의미를 생각하면서 말하려고 노력하세요.

스크립트 보면서 듣고 따라 말하기

1☐ 2☐ 3☐ 4☐ 5☐ 6☐ 7☐ 8☐

스크립트 안 보고 듣고 따라 말하기

1☐ 2☐ 3☐ 4☐ 5☐ 6☐ 7☐ 8☐

/ 끊어 읽기 **볼드** 강세를 두어 읽는 부분 ◡ 연음

1 A **ten** year-old **boy** / **called** an **old lady**.

10살짜리 소년이 노부인에게 전화를 걸었다

2 **"Ma'am,** / do you **need someone** / to **walk** your **dog**?"

"아주머니, 사람 필요하지 않으세요? 아주머니 개를 산책시켜줄 "

3 The **old woman replied,** / **"No, thank** you. / I **already have** a **dog walker**."

노부인은 대답했다 "아니 괜찮아. 난 이미 개 산책시켜주는 사람이 있단다."라고

4 "But / **I** can **also teach** your dog **many tricks**," / **said** the **boy**.
"하지만 저는 아주머니 개에게 여러 가지 재주도 가르쳐줄 수 있어요."라고 소년이 말했다

5 "Oh, / my **dog walker** already **does that**," / **said** the **lady**.
"아, 우리 개를 산책시켜주는 사람도 이미 그러고 있단다."라고 부인이 말했다

6 "Well, / I can **also give** your **dog** a **bath** / when he **needs** it," / **explained** the **boy**.
"그럼 저는 아주머니 개에게 목욕도 시켜줄 수 있어요 개가 목욕이 필요할 때"라고 소년이 설명했다

7 "My **dog walker** does **that too**," / **replied** the **old lady**.
"우리 개를 산책시켜주는 사람은 그것도 해준단다."라고 노부인이 대답했다

8 "**Does** your **dog walker** also **give** your dog **haircuts?** / Because **I** can **do that, too**."
"아주머니 개를 산책시켜주는 사람이 개털도 깎아주나요? 왜냐하면 저는 그것까지 할 수 있거든요."

9 "Oh **yes**, / **he does**."
"아 그래, 해준단다."

10 "**I see**," / **said** the **boy**.
"알겠습니다."라고 소년이 말했다

11 "**Thank** you for **asking** / but I **don't need** anyone **else**," /
"물어봐줘 고맙구나 하지만 나는 다른 사람은 필요가 없구나."라고

continued the **old lady**.
노부인이 계속 말했다

12 The boy **hung up** the **phone**.
소년은 전화를 끊었다

13 His **friend** next to him **asked**, / "**Why** did you **call** that
소년의 옆에 있던 친구가 물었다 "너 그 아주머니에게 전화 왜 했어?

lady / if you **already walk** her **dog**?"
너는 이미 그 집 개를 산책시켜주고 있으면서 "

14 "I **wanted** to **find** out / if I was **doing enough** for **her**," /
"한번 알아보고 싶었어 내가 아주머니를 위해 충분히 일을 하고 있는지"라고

answered the **boy**.
소년이 대답했다

15 "Or **else**, / there's **always** going to be **someone** / **better** than
"그렇지 않으면 항상 누군가가 있을 거야 나보다 나은"

me."

Words & Expressions

walk 산책시키다 | reply 대답하다, 응답하다 | trick 속임수, 마술, 재주 | bath 목욕 |
hang up (전화를) 끊다 | next to ~옆에 | find out 밝혀내다, 찾아내다

Step 3

Shadow speak

낭독 훈련을 충분히 하여 문장이 어느 정도 입에 붙었다면, 이번에는 스크립트 없이 오디오를 들으면서 한 박자 천천히 섀도우스피킹(그림자 따라 말하기)을 해 보세요.

섀도우스피킹을 할 때에는 따라 말하면서 오디오에서 나오는 소리를 동시에 들어야 합니다.

MP3 26-01

1 ☐ 2 ☐ 3 ☐ 4 ☐ 5 ☐ 6 ☐ 7 ☐ 8 ☐

Questions & Answers

스토리에 나온 문장을 활용하여 질문에 답해 보세요.

1 **What** can the boy teach the old lady's dog?

▸

2 **How** did the lady end the phone conversation?

▸ She said, "

3 **Why** did the boy call the lady?

▸ Because he wanted to

Summarize

앞서 낭독 훈련한 스토리의 중심 생각을 담아 요약해서 말해 보세요.

MP3 26-03

Always find out if you can do more.
Customer feedback is the key to great service.
With a little extra effort, you can truly make a customer happy.
A satisfied customer will not look elsewhere.

Storytelling

앞서 낭독 훈련한 스토리를 기억하여 실제로 스토리텔링할 수 있는지 빈칸에 알맞은 말을 넣어 스토리텔링해 보세요. 기억이 잘 안 난다면 우리말 해석을 보고 빈칸을 채워서 말해 보세요.

1 A ten year-old b______ called an old l______.	10살짜리 소년이 노부인에게 전화를 걸었다.
2 "Ma'am, do you n______ someone to w______ your d______?"	"아주머니, 아주머니 개를 산책시켜줄 사람 필요하지 않으세요?"
3 The old woman r______, "No, thank you. I a______ have a dog w______."	노부인은 "아니, 괜찮아. 난 이미 개 산책시켜주는 사람이 있단다."라고 대답했다.
4 "But I can also t______ your dog m______ t______," said the boy.	"하지만 저는 아주머니 개에게 여러 가지 재주도 가르쳐줄 수 있어요."라고 소년이 말했다.
5 "Oh, my dog w______ already d______ that," said the l______.	"아, 우리 개를 산책시켜주는 사람도 이미 그러고 있단다."라고 부인이 말했다.
6 "Well, I can also g______ your dog a b______ when he n______ it," e______ the boy.	"그럼 저는 개가 목욕이 필요할 때 아주머니 개에게 목욕도 시켜줄 수 있어요."라고 소년이 설명했다.
7 "My dog walker d______ that t______," r______ the old lady.	"우리 개를 산책시켜주는 사람은 그것도 해준단다."라고 노부인이 대답했다.

8 "D your dog walker also g your dog h ? Because I c do t , too."

"아주머니 개를 산책시켜주는 사람이 개털도 깎아주나요. 왜냐하면 저는 그것까지 할 수 있거든요."

9 "Oh yes, he d ."

"아 그래, 해준단다."

10 "I see," s the boy.

"알겠습니다."라고 소년이 말했다.

11 "Thank you for a but I d need anyone e ," c the old lady.

"물어봐줘 고맙지만 나는 다른 사람은 필요가 없구나."라고 노부인이 계속 말했다.

12 The boy h up the p .

소년은 전화를 끊었다.

13 His f next to him asked, "W did you c that lady if you already w her dog?"

소년의 옆에 있던 친구가 물었다. "너는 이미 그 집 개를 산책시켜주고 있으면서 그 아주머니에게 전화 왜 했어?"

14 "I wanted to f o if I was doing e for her," a the boy.

"내가 아주머니를 위해 충분히 일을 하고 있는지 한번 알아보고 싶었어."라고 소년이 대답했다.

15 "Or e , there's a going to be someone b than me."

"그렇지 않으면 항상 나보다 나은 누군가가 있을 거야."

What Is Leadership?

리더십이란?

starting time	y m d :
finishing time	y m d :

MP3 **27-01**

Listen

잘 듣고 다음 이야기의 내용을 얼마나 이해할 수 있는지 확인해 보세요.

Step 2

MP3 **27-02**

Listen & Repeat

오디오를 들으면서 큰 소리로 따라 말해 보세요.

듣고 따라 말할 때는 의미를 생각하면서 말하려고 노력하세요.

스크립트 보면서 듣고 따라 말하기

1 ☐ 2 ☐ 3 ☐ 4 ☐ 5 ☐ 6 ☐ 7 ☐ 8 ☐

스크립트 안 보고 듣고 따라 말하기

1 ☐ 2 ☐ 3 ☐ 4 ☐ 5 ☐ 6 ☐ 7 ☐ 8 ☐

/ 끊어 읽기 　 **볼드** 강세를 두어 읽는 부분 　 ◡ 연음

1 It **happened** / over **200** years **ago** / on a **battlefield**.

그 일은 일어났다 200여 년 전에 한 전쟁터에서

2 A **man** on **horseback** / **was riding** by a **group** of **tired soldiers**.

한 남자가 말을 타고 한 무리의 피곤한 군인들 옆을 지나고 있었다

3 **They** were **digging** a **hole** / in the **ground**.

그들은 구덩이를 파고 있었다 땅에

4 The **section leader** of these **soldiers** / was **only shouting orders**.
이 군인들의 소대장은 / 명령만 외쳐대고 있었다

5 **He** was **threatening punishment** / if the **work** was **not done** / in **one hour**.
그는 벌을 주리라 위협하고 있었다 / 만일 작업이 끝나지 않으면 / 한 시간 내에

6 "**Why** are you **not helping**?" / **asked** the **stranger** / on **horse-back**.
"왜 당신은 돕지 않소?"라고 / 낯선 사람이 물었다 / 말을 탄

7 "I'm in **charge**. / The **men do** / as I **tell** them," / **said** the **section leader**.
"나는 책임자요. / 부하들은 수행하는 거요 / 내가 그들에게 시키는 대로"라고 / 소대장은 말했다

8 He **also said** / "**Help** them **yourself** / if you **feel** so **strongly** about it."
그는 덧붙였다 / "직접 그들을 도와주지 그러시오 / 만일 당신이 거기에 그렇게나 신경이 쓰이면" 이라고

9 The **man got** off his **horse** / and **helped** the **men** / until the **job** was **done**.
그 남자는 말에서 내렸다 / 그리고 군인들을 도왔다 / 작업이 끝날 때까지

10 Before **leaving**, / the **stranger congratulated** the **men** / on
떠나기 전 그 낯선 남자는 군인들을 축하해주었다

their **work**.
그들의 작업에 대해

11 He **then spoke** / to the **section leader**.
그리곤 그가 말했다 소대장에게

12 He **said**, / "**Don't let** your **rank stop** you / from **helping**
그는 말했다 "당신의 계급 때문에 멈추지는 마시오 부하들을 돕는 것을"이라고

your **men**."

13 The **section leader** / **suddenly recognized** the **stranger**.
그 소대장은 갑자기 그 낯선 사람이 누군지 알아보았다

14 It was **General George Washington**, / later the **first**
그는 조지 워싱턴 장군이었다 나중에

President of the **United States** of **America**.
미합중국의 초대 대통령이 된

Words & Expressions

battlefield 전쟁터 | ride 타다 | dig 파다 | order 명령, 주문 | threaten 위협하다 | punishment 처벌 | in charge ~을 맡은, 담당인 | feel strongly about ~에 대해 확고히 생각하다 | get off 내리다 | congratulate 축하하다 | recognize 알아보다, 인식하다

Step 3

MP3 27-01

Shadow speak

낭독 훈련을 충분히 하여 문장이 어느 정도 입에 붙었다면, 이번에는 스크립트 없이 오디오를 들으면서 한 박자 천천히 섀도우스피킹(그림자 따라 말하기)을 해 보세요.

섀도우스피킹을 할 때에는 따라 말하면서 오디오에서 나오는 소리를 동시에 들어야 합니다.

1☐ 2☐ 3☐ 4☐ 5☐ 6☐ 7☐ 8☐

Questions & Answers

스토리에 나온 문장을 활용하여 질문에 답해 보세요.

1 **When** and **where** did this story happen?

▶

2 **Why** wasn't the section leader helping his men?

▶ He said, "

3 **Who** was the stranger?

▶

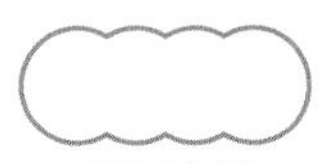

Summarize

MP3 27-03

앞서 낭독 훈련한 스토리의 중심 생각을 담아 요약해서 말해 보세요.

What makes a good leader?
Good leaders don't just tell people what to do.
They do it together with them.
Do you want to be a good leader?
Then **lead by example.**

Storytelling

앞서 낭독 훈련한 스토리를 기억하여 실제로 스토리텔링할 수 있는지 빈칸에 알맞은 말을 넣어 스토리텔링해 보세요. 기억이 잘 안 난다면 우리말 해석을 보고 빈칸을 채워서 말해 보세요.

1 It h______ over 200 years a______ on a b______.

그 일은 200여 년 전에 한 전쟁터에서 일어났다.

2 A man on h______ was riding by a g______ of tired s______.

한 남자가 말을 타고 한 무리의 피곤한 군인들 옆을 지나고 있었다.

3 They were d______ a h______ in the g______.

그들은 땅에 구덩이를 파고 있었다.

4 The section l______ of these soldiers was only s______ o______.

이 군인들의 소대장은 명령만 외쳐대고 있었다.

5 He was t______ punishment if the w______ was not d______ in one h______.

그는 작업이 한 시간 내에 끝나지 않으면 벌을 주리라 위협하고 있었다.

6 “W______ are you not h______?” asked the stranger on h______.

“왜 당신은 돕지 않소?”라고 말을 탄 낯선 사람이 물었다.

7 “I’m in c______. The m______ do as I t______ them,” said the s______ leader.

“나는 책임자요. 부하들은 내가 그들에게 시키는 대로 수행하는 거요.”라고 소대장은 말했다.

8 He also said "Help them y if you f so s about it."

그는 "당신이 거기에 그렇게나 신경이 쓰이면 직접 그들을 도와주지 그러시오."라고 덧붙였다.

9 The man g off his h and h the men u the job was d .

그 남자는 말에서 내려 작업이 끝날 때까지 군인들을 도왔다.

10 Before l , the stranger c the men on their w .

떠나기 전 그 낯선 남자는 그들의 작업에 대해 군인들을 축하해 주었다.

11 He then s to the section l .

그리곤 그가 소대장에게 말했다.

12 He said, "D let your r stop you from h your men."

그는 "당신의 계급 때문에 부하들을 돕는 것을 멈추지는 마시오."라고 말했다.

13 The section leader suddenly r the s .

그 소대장은 갑자기 그 낯선 사람이 누군지 알아보았다.

14 It was G George Washington, later the first P of the United States of America.

그는 나중에 미합중국의 초대 대통령이 된 조지 워싱턴 장군이었다.

Creative Mind

창의적 마인드

starting time	y	m	d	:
finishing time	y	m	d	:

MP3 **28-01**

Listen

잘 듣고 다음 이야기의 내용을 얼마나 이해할 수 있는지 확인해 보세요.

Step 2

MP3 **28-02**

Listen & Repeat

오디오를 들으면서 큰 소리로 따라 말해 보세요.

듣고 따라 말할 때는 의미를 생각하면서 말하려고 노력하세요.

스크립트 보면서 듣고 따라 말하기

1☐ 2☐ 3☐ 4☐ 5☐ 6☐ 7☐ 8☐

스크립트 안 보고 듣고 따라 말하기

1☐ 2☐ 3☐ 4☐ 5☐ 6☐ 7☐ 8☐

/ 끊어 읽기 **볼드** 강세를 두어 읽는 부분 ◡ 연음

1 The **Statue** of **Liberty** / was in **need** of **repair**.

자유의 여신상이 / 보수공사가 필요했다

2 **After** the **city repaired** it, / there was a **lot** of **leftover metal**.

시에서 여신상을 보수한 뒤 / 대량의 고철 쓰레기가 발생했다

3 The **city offered** the **metal** / for **free** / to **anyone willing** to **take** it.

시에서는 고철을 제공하겠다고 했다 / 무상으로 / 누구든 고철을 가져가려는 사람에게

4 A **few weeks went** by / but **still nobody volunteered** / to **take** it.
몇 주가 지났다 하지만 여전히 자원하는 사람이 없었다 고철을 가져가겠다고

5 Then **one day**, / an **old man asked** / to **take** the **metal**.
그러던 어느 날 한 노인이 부탁했다 그 고철들을 가져가게 해달라고

6 When the **old man** got the **metal home**, / his **neighbors laughed**.
그 노인이 고철을 집으로 가져 갔을 때 그의 이웃들은 웃었다.

7 "**Old man**, / **what** are you going to **do** / with **all** this **garbage**?" / they **asked**.
"어르신 뭘 하려고 그러세요? 이 쓰레기들 다 가지고"라고 그들이 물었다

8 The old man **didn't pay** any **attention** / to them.
노인은 전혀 신경을 쓰지 않았다 그들에게

9 **Instead**, / after he **melted** the **metal**, / he **began** to make / **miniatures** of the **Statue** of **Liberty** and **key chains**.
대신에 노인은 그 고철을 녹인 뒤 그는 만들기 시작했다 자유의 여신상 모형과 열쇠고리를

10 He **took** them **back** / to the **Statue** of **Liberty** / to **sell** to
그는 그것들을 되가져갔다 자유의 여신상이 있는 곳에 관광객들에게 팔기 위해

tourists / as **souvenirs**.
기념품으로

11 He **advertised** / that they were **made** / of the **actual metal** of
그는 광고를 했다 그것들이 만들어졌다고 실제 자유의 여신상에서 나온 금속으로

the **Statue** of **Liberty**.

12 They **soon sold** / like **hot cakes**.
그 기념품들은 곧 팔려나갔다 날개 돋친 듯

13 A **couple** of **years later** / the **man** had **run out** of **metal**.
몇 년 후 노인의 고철이 바닥이 났다

14 **But** / he had **sold** enough **statues** and **key chains** /
하지만 그는 여신상과 열쇠고리를 충분히 판 상태였다

to **become** a **millionaire**.
그 결과 백만 장자가 되었다

15 **All this came** from "**garbage**" / that **nobody** but the **old man**
이 모든 것이 "쓰레기"에서 비롯했다 그 노인 외에는 아무도 보지 못한

saw / as an **opportunity**.
기회로

Words & Expressions

repair 수리, 보수; 고치다 | leftover 남은; 남은 것 | for free 무료로 | volunteer 자원하다, 자진하다 | garbage 쓰레기 | pay attention to ~에 주목하다 | melt 녹이다 | miniature 축소모형 | advertise 광고하다 | sell like hot cakes 날개 돋친 듯이 팔리다 | run out of ~이 다 떨어지다 | opportunity 기회

Step 3

Shadow speak

낭독 훈련을 충분히 하여 문장이 어느 정도 입에 붙었다면, 이번에는 스크립트 없이 오디오를 들으면서 한 박자 천천히 섀도우스피킹(그림자 따라 말하기)을 해 보세요.

섀도우스피킹을 할 때에는 따라 말하면서 오디오에서 나오는 소리를 동시에 들어야 합니다.

MP3 28-01

1☐ 2☐ 3☐ 4☐ 5☐ 6☐ 7☐ 8☐

Questions & Answers

스토리에 나온 문장을 활용하여 질문에 답해 보세요.

1 **To whom** did the city offer the metal for free?

▶

2 **What** did the old man do after he melted the metal?

▶ He

3 **How** did the old man advertise the miniatures?

▶

MP3 28-03

Summarize

앞서 낭독 훈련한 스토리의 중심 생각을 담아 요약해서 말해 보세요.

One man's trash is another man's treasure.
The creative mind can see wealth where others can't.
Opportunity is all around you, so you have to look for it.

Storytelling

앞서 낭독 훈련한 스토리를 기억하여 실제로 스토리텔링할 수 있는지 빈칸에 알맞은 말을 넣어 스토리텔링해 보세요. 기억이 잘 안 난다면 우리말 해석을 보고 빈칸을 채워서 말해 보세요.

1 The S________ of Liberty was in need of r________.	자유의 여신상이 보수공사가 필요했다.
2 After the city r________ it, there was a lot of l________ metal.	시에서 여신상을 보수한 뒤 대량의 고철 쓰레기가 발생했다.
3 The city o________ the metal for f________ to a________ willing to t________ it.	시에서는 누구든 고철을 가져가려는 사람에게 무상으로 고철을 제공하겠다고 했다.
4 A few weeks w________ by but still n________ v________ to take it.	몇 주가 지났지만 여전히 고철을 가져가겠다고 자원하는 사람이 없었다.
5 Then one day, an o________ man a________ to take the m________.	그러던 어느 날 한 노인이 그 고철들을 가져가게 해달라고 부탁했다.
6 W________ the old man got the metal h________, his n________ l________.	그 노인이 고철을 집으로 가져갔을 때 그의 이웃들은 웃었다.
7 "Old man, w________ are you going to d________ with all this g________?" they a________.	"어르신, 이 쓰레기들 다 가지고 뭘 하려고 그러세요?"라고 그들이 물었다.

8 The old man d pay any a to them.

노인은 그들에게 전혀 신경을 쓰지 않았다.

9 I , after he m the metal, he b to make m of the Statue of Liberty and key chains.

대신에 노인은 그 고철을 녹인 뒤 자유의 여신상 모형과 열쇠고리를 만들기 시작했다.

10 He took them b to the Statue of Liberty to s to tourists as s .

그는 그것들을 관광객들에게 기념품으로 팔기 위해 자유의 여신상이 있는 곳에 되가져갔다.

11 He a that they were m of the a metal of the Statue of L .

그는 그것들이 실제 자유의 여신상에서 나온 금속으로 만들어졌다고 광고를 했다.

12 They soon s like h c .

그 기념품들은 곧 날개 돋친 듯 팔려나갔다.

13 A couple of years l the man had r out of m .

몇 년 후 노인의 고철이 바닥이 났다.

14 But he had sold e statues and key chains to b a m .

하지만 그는 여신상과 열쇠고리를 충분히 판 상태였고 백만장자가 되었다.

15 All this came from "g " that n but the old man s as an o .

이 모든 것이 그 노인 외에는 아무도 기회를 보지 못한 "쓰레기"에서 비롯했다.

Who Should You Save?

누구를 구해야 할까?

starting time	y m d :
finishing time	y m d :

MP3 29-01

Listen

잘 듣고 다음 이야기의 내용을 얼마나 이해할 수 있는지 확인해 보세요.

Step 2

MP3 29-02

Listen & Repeat

오디오를 들으면서 큰 소리로 따라 말해 보세요.

듣고 따라 말할 때는 의미를 생각하면서 말하려고 노력하세요.

스크립트 보면서 듣고 따라 말하기

1☐ 2☐ 3☐ 4☐ 5☐ 6☐ 7☐ 8☐

스크립트 안 보고 듣고 따라 말하기

1☐ 2☐ 3☐ 4☐ 5☐ 6☐ 7☐ 8☐

/ 끊어 읽기 **볼드** 강세를 두어 읽는 부분 ◡ 연음

1 **Imagine** a **hot air balloon** / with **three scientists** in it.
열기구를 상상해보라 과학자 세 명이 그 안에 타고 있는

2 The **first scientist** has the **answer** / to **how** to **get rid** of **all** the world's **garbage**.
첫 번째 과학자는 해답을 가지고 있다 세상의 모든 쓰레기를 제거할 수 있는 방법에 대한

3 The **second scientist** is an **expert** / on the **environment** / and
두 번째 과학자는 전문가이다 환경에 관한 그리고

can **increase** food **harvest** / by **ten fold**.
식량 수확을 증대시킬 수 있다 10배로

4 The **third scientist knows** / **how** to **treat** any **cancer** /
세 번째 과학자는 알고 있다 모든 암을 치료할 수 있는 법을

successfully.
성공적으로

5 **Suddenly**, / the **balloon starts** to **fall** / from the **sky**.
갑자기 그 열기구가 추락하기 시작한다 하늘에서

6 **One** of the **scientists** / must be **thrown** / out of the **balloon**.
과학자들 중 한 사람은 퇴출되어야만 한다 열기구에서

7 **Which scientist** / would you **get rid** of?
어떤 과학자를 당신은 퇴출시킬 것인가?

8 Which **two scientists** / should be **saved**?
어떤 두 과학자가 구출되어야 하는가?

9 When **people** were **asked** this
사람들이 이 질문을 받았을 때

question, / they **thought** very **hard**.
그들은 심각하게 고민을 했다

10 **Which scientists** are most **important** / for the **world's future**?

어떤 과학자들이 가장 중요할까? 인류의 미래를 위해

11 **Which scientists** / can **make** our **lives better**?

어떤 과학자들이 우리 삶을 더 낫게 만들 수 있을까?

12 **Who deserves** / to **continue** to **live**?

누가 가치가 있을까? 계속 살아야 할

13 **How** would you **answer** the **question**?

당신은 이 질문에 어떻게 답을 하겠는가?

14 The **best answer** for this **question** / **came** from a **ten**-year old **boy**.

이 질문에 대한 최고의 대답은 10살짜리 소년에게서 나왔다

15 **He said** / to **get rid** of the **fattest scientist**.

그는 말했다 가장 뚱뚱한 과학자를 없애야 한다고

Words & Expressions

scientist 과학자 | get rid of ~을 없애다 | garbage 쓰레기 | expert 전문가 | environment 환경 | increase 증가시키다 | harvest 추수 | fold 배수, 곱절 | treat 치료하다 | cancer 암 | deserve ~을 받을 만하다, ~을 받아 마땅하다 | fat 살찐

Step 3

MP3 29-01

Shadow speak

낭독 훈련을 충분히 하여 문장이 어느 정도 입에 붙었다면, 이번에는 스크립트 없이 오디오를 들으면서 한 박자 천천히 섀도우스피킹(그림자 따라 말하기)을 해 보세요.

섀도우스피킹을 할 때에는 따라 말하면서 오디오에서 나오는 소리를 동시에 들어야 합니다.

1☐ 2☐ 3☐ 4☐ 5☐ 6☐ 7☐ 8☐

Questions & Answers

스토리에 나온 문장을 활용하여 질문에 답해 보세요.

1 **What** can the second scientist do?

▸ The second scientist can

2 **Why** must one scientist be thrown out of the balloon?

▸ Because

3 **Who** gave the best answer for this question?

▸ The best answer for this question came

MP3 29-03

Summarize

앞서 낭독 훈련한 스토리의 중심 생각을 담아 요약해서 말해 보세요.

Oftentimes we overthink a problem.
We end up making it more complicated than it should be.
But the answer may be staring you right in the face.
The simplest and most practical solution is usually best.

Storytelling

앞서 낭독 훈련한 스토리를 기억하여 실제로 스토리텔링할 수 있는지 빈칸에 알맞은 말을 넣어 스토리텔링해 보세요. 기억이 잘 안 난다면 우리말 해석을 보고 빈칸을 채워서 말해 보세요.

1 Imagine a hot a______ b______ with three s______ in it.

과학자 세 명이 그 안에 타고 있는 열기구를 상상해보라.

2 The f______ scientist has the a______ to how to get r______ of all the world's g______.

첫 번째 과학자는 세상의 모든 쓰레기를 제거할 수 있는 방법에 대한 해답을 가지고 있다.

3 The s______ scientist is an e______ on the e______ and can i______ food harvest by ten f______.

두 번째 과학자는 환경에 관한 전문가이며 식량 수확을 10배로 증대시킬 수 있다.

4 The t______ scientist knows h______ to t______ any cancer s______.

세 번째 과학자는 모든 암을 성공적으로 치료할 수 있는 법을 알고 있다.

5 S______, the balloon starts to f______ from the sky.

갑자기 그 열기구가 하늘에서 추락하기 시작한다.

6 One of the s______ must be t______ out of the b______.

과학자들 중 한 사람은 열기구에서 퇴출되어야만 한다.

7 W______ scientist would you get r______ of?

당신은 어떤 과학자를 퇴출시킬 것인가?

8 Which t______ scientists should be s______?

어떤 두 과학자가 구출되어야 하는가?

9 When people were a______ this q______, they t______ very hard.

사람들이 이 질문을 받았을 때 그들은 심각하게 고민을 했다.

10 Which scientists are most i______ for the world's f______?

인류의 미래를 위해 어떤 과학자들이 가장 중요할까?

11 Which scientists c______ make our l______ b______?

어떤 과학자들이 우리 삶을 더 낫게 만들 수 있을까?

12 Who d______ to continue to l______?

누가 계속 살아야 할 가치가 있을까?

13 H______ would you a______ the question?

당신은 이 질문에 어떻게 답을 하겠는가?

14 The b______ answer for this q______ came from a t______ old b______.

이 질문에 대한 최고의 대답은 10살짜리 소년에게서 나왔다.

15 He said to g______ rid of the f______ scientist.

그는 가장 뚱뚱한 과학자를 없애야 한다고 말했다.

The Carrot and the Egg
당근과 계란

starting time	y m d :
finishing time	y m d :

MP3 **30-01**

Listen
잘 듣고 다음 이야기의 내용을 얼마나 이해할 수 있는지 확인해 보세요.

Step 2

MP3 **30-02**

Listen & Repeat
오디오를 들으면서 큰 소리로 따라 말해 보세요.
듣고 따라 말할 때는 의미를 생각하면서 말하려고 노력하세요.

스크립트 보면서 듣고 따라 말하기
1 ☐ **2** ☐ **3** ☐ **4** ☐ **5** ☐ **6** ☐ **7** ☐ **8** ☐

스크립트 안 보고 듣고 따라 말하기
1 ☐ **2** ☐ **3** ☐ **4** ☐ **5** ☐ **6** ☐ **7** ☐ **8** ☐

/ 끊어 읽기 **볼드** 강세를 두어 읽는 부분 ◡ 연음

1 **Once,** / there was a **young woman,** / **visiting** her **mother.**
예전에 한 젊은 여성이 있었는데 엄마를 찾아갔다

2 She **said,** / "Mom, / **why** is **life unfair** / and **problems never end?"**
그녀는 말했다 "엄마, 사는 게 왜 이렇게 불공평해 그리고 문제는 끝도 없는 거야?" 라고

3 "I'm **so tired** / and **just want** to **give up fighting.**"
"나 너무 피곤해 그래서 이렇게 애쓰고 사는 거 그냥 그만두고 싶어."

4 **After listening**, / her **mother sat** / for a **while**.
그 말을 들은 뒤 그녀의 엄마는 앉아 있었다 잠시

5 **Then** / she **rose** up / and **took** her **daughter** / to the **kitchen**.
그리곤 그녀는 일어섰다 그리고 자신의 딸을 데리고 갔다 부엌으로

6 She **put two pots** on the **fire** / and **poured** some **water** in them.
그녀는 불 위에 냄비를 두 개 올렸다 그리고 그 안에 물을 좀 부었다

7 When the **water boiled**, / she **placed** a **carrot** and an **egg** /
물이 끓었을 때 그녀는 당근과 계란을 하나씩 넣었다

in each **pot**.
각각의 냄비에

8 **Ten minutes later**, /
10분 후

she **took out** the **carrot** and the
그녀는 당근과 계란을 꺼냈다

egg, / and **put** them **each** in a **bowl**.
그리고 그것들 각각을 딴 그릇에다 놓았다

9 She **poked** the **carrot** and the
그녀는 당근과 계란을 찔렀다

egg / with a **fork**.
포크로

10 She **then asked** her **daughter** / **how** their **form** had **changed**.
그런 후 그녀는 자신의 딸에게 물어보았다 그것들의 형태가 어떻게 변했는지

11 The **carrot looked strong** / at **first** / but **became weak** / after **boiling.**

당근은 강해 보였다 처음엔 하지만 약해졌다 끓인 후엔

12 For the **egg,** / its **soft inside** turned **hard.**

계란은 연약했던 내부가 단단해졌다

13 As her **daughter looked** at them, / she **quietly said** this.

자신의 딸이 그것들을 보고 있을 때 그녀는 조용히 이렇게 말했다.

14 "Hon, / **each** of them **went through** / the **same difficulty**, / the **boiling water**."

"얘야, 그것들 각각은 겪었단다 똑같은 시련을 끓는 물이라는"

15 "**But** / can you **see** / **how** they **came** out **differently**?"

"하지만 볼 수 있겠지? 그것들이 어떻게 다른 모습으로 나왔는지"

16 "**So** / when **things** get **tough,** / **which one** are **you,** / a **carrot** or an **egg**?"

"그래서 상황이 힘들어질 때 너는 어느 쪽이니 당근이니 아니면 계란이니?"

Words & Expressions

unfair 불공평한, 부당한 | give up 포기하다 | pot 냄비 | boil 끓다, 익다 | bowl 사발, 그릇 | poke 찌르다 | form 형태 | go through 겪다 | get tough (상황이) 힘들어지다, 어려워지다

Step 3

MP3 30-01

Shadow speak

낭독 훈련을 충분히 하여 문장이 어느 정도 입에 붙었다면, 이번에는 스크립트 없이 오디오를 들으면서 한 박자 천천히 섀도우스피킹(그림자 따라 말하기)을 해 보세요.

섀도우스피킹을 할 때에는 따라 말하면서 오디오에서 나오는 소리를 동시에 들어야 합니다.

1☐ 2☐ 3☐ 4☐ 5☐ 6☐ 7☐ 8☐

Questions & Answers

스토리에 나온 문장을 활용하여 질문에 답해 보세요.

1 After listening to her daughter, **what** was her mother's first reaction?

▸ After listening,

2 **What** did the mother do when the water boiled?

▸ She

3 **How** did the egg change?

▸ For the egg,

MP3 30-03

Summarize

앞서 낭독 훈련한 스토리의 중심 생각을 담아 요약해서 말해 보세요.

Oftentimes, things don't go well.
We try our best but the situation doesn't look good.
But that's the time for us to use our inner strength.
That which doesn't kill you makes you stronger.

Storytelling

앞서 낭독 훈련한 스토리를 기억하여 실제로 스토리텔링할 수 있는지 빈칸에 알맞은 말을 넣어 스토리텔링해 보세요. 기억이 잘 안 난다면 우리말 해석을 보고 빈칸을 채워서 말해 보세요.

1	Once, there was a y________ woman, visiting her m________.	예전에 한 젊은 여성이 있었는데 엄마를 찾아갔다.
2	She said, "Mom, why is life u________ and problems never e________?"	그녀는 "엄마, 사는 게 왜 이렇게 불공평하고 문제는 끝도 없는 거야?"라고 말했다.
3	"I'm so t________ and just want to g________ up f________."	"나 너무 피곤해서 이렇게 애쓰고 사는 거 그냥 그만두고 싶어."
4	After l________, her mother s________ for a while.	그 말을 들은 뒤 그녀의 엄마는 잠시 앉아 있었다.
5	Then she r________ up and t________ her daughter to the k________.	그리곤 그녀는 일어서서 자신의 딸을 부엌으로 데리고 갔다.
6	She put two p________ on the f________ and p________ some w________ in them.	그녀는 불 위에 냄비를 두 개 올리고 그 안에 물을 좀 부었다.
7	When the water b________, she placed a c________ and an e________ in each pot.	물이 끓었을 때 그녀는 각각의 냄비에 당근과 계란을 하나씩 넣었다.
8	Ten m________ later, she took o________ the carrot and the egg, and put t________ each in a b________.	10분 후 그녀는 당근과 계란을 꺼내서 그것들 각각을 딴 그릇에 다 놓았다.

9 She p the carrot and the egg with a f .

그녀는 당근과 계란을 포크로 찔렀다.

10 She then a her daughter how their f had c .

그런 후 그녀는 자신의 딸에게 그것들의 형태가 어떻게 변했는지 물어보았다.

11 The carrot looked s at f but became w after b .

당근은 처음엔 강해보였지만 끓인 후엔 약해졌다.

12 For the e , its s inside turned h .

계란은 연약했던 내부가 단단해졌다.

13 As her daughter l at them, she q said this.

자신의 딸이 그것들을 보고 있을 때 그녀는 조용히 이렇게 말했다.

14 "Hon, e of them w through the same d , the b water"

"얘야, 그것들 각각은 끓는 물이라는 똑같은 시련을 겪었단다."

15 "But can you see h they c out d ?"

"하지만 그것들이 어떻게 다른 모습으로 나왔는지 볼 수 있겠지?"

16 "So when things get t , which one are you, a c or an e ?"

"그래서 상황이 힘들어질 때 너는 어느 쪽이니, 당근이니 아니면 계란이니?"

Soul Food

소울 푸드

starting time	y	m	d	:
finishing time	y	m	d	:

MP3 31-01

Listen
잘 듣고 다음 이야기의 내용을 얼마나 이해할 수 있는지 확인해 보세요.

Step 2

MP3 31-02

Listen & Repeat
오디오를 들으면서 큰 소리로 따라 말해 보세요.
듣고 따라 말할 때는 의미를 생각하면서 말하려고 노력하세요.

스크립트 보면서 듣고 따라 말하기
1☐ 2☐ 3☐ 4☐ 5☐ 6☐ 7☐ 8☐

스크립트 안 보고 듣고 따라 말하기
1☐ 2☐ 3☐ 4☐ 5☐ 6☐ 7☐ 8☐

/ 끊어 읽기 **볼드** 강세를 두어 읽는 부분 ‿ 연음

1 A **chef** was **struggling** / in his **career**.
한 요리사가 힘든 시간을 보내고 있었다 직업적으로

2 **Someone encouraged** him / **saying**, / "How about **teaching** a **cooking class** for **children** / at the **local church**?"
어떤 사람이 그에게 용기를 북돋아주었다 말하면서 "아이들에게 요리를 가르쳐주는 건 어때요? 지역 교회에서"라고

3 At **first**, / he was **reluctant** / but **began** to **enjoy** / **teaching kids**
처음에 그는 내키지 않았다 하지만 즐기기 시작했다 아이들에게 요리하는 방법을

how to **cook**.
가르쳐 주는 걸

4 **After** he **taught** how to **make tomato soup**, / a **boy came**
그가 토마토 수프 만드는 법을 가르쳐 준 후 한 소년이 다시 왔다

back / with a **big smile**.
환하게 웃으며

5 He **told** him a **story** / that would **change** the **chef's idea** of
그 아이는 그에게 이야기를 들려주었다 요리에 대한 그 요리사의 생각을 바꿔놓을

cooking / **forever**.
영원히

6 The **boy's father** was an **alcoholic** / and was **very sick**.
소년의 아버지는 알코올중독자였다 그리고 심하게 아팠다

7 The **family** was **poor** / and had **no future**.
가족은 가난했다 그리고 미래가 보이지 않았다

8 **But** / the **boy wanted** his **father** to become **healthy** / **again**.
하지만 소년은 자신의 아빠가 건강해지길 바랐다 다시

9 He **saved two dollars** / and **cooked** some **tomato**
그는 2달러를 저축했다 그리고 토마토 수프를 요리했다

soup / for his **father**.
자신의 아빠를 위해

10 **As** his **father** was **eating** the **soup**, /
소년의 아버지는 수프를 먹으면서

he **began** to **sob** / and
흐느끼기 시작했다 그리고

later cried / for a **long time**.
나중엔 울었다 오랫동안

11 He **promised** his **son** / that he would **stop drinking** / and
그는 자신의 아들에게 약속했다 자신이 술을 끊기로 그리고

turn over a **new leaf**.
새 사람이 되겠다고

12 **When** the **chef heard** the **boy's story**, / he **thought** about
요리사가 소년의 이야기를 들었을 때 그는 그 자신의 요리를 떠올렸다

his **own food**.

13 With **only two dollars** and a **simple bowl** of **soup**, / the **boy**
단 2달러와 소박한 수프 한 그릇으로 그 소년은

was **able** to **touch one soul**.
한 영혼을 감동시킬 수 있었다

14 The **little** boy **changed** his **father's life**.
어린 소년이 자신의 아빠의 삶을 바꾼 것이다

15 The **chef wondered** / if his **food** had **ever touched** a
요리사는 생각해보았다 자기 요리가 지금껏 한 사람의 영혼이라도 감동을 시킨 적이 있는지

person's soul.

16 After that, / his **attitude** toward his **work** / **completely changed**.
그 후 자신의 일에 대한 그의 태도는 완전히 바뀌었다

Words & Expressions

struggling 발버둥치는, 분투하는 | encourage 격려하다 | reluctant 꺼리는 | alcoholic 알코올중독자 | healthy 건강한 | sob 흐느끼다 | promise 약속하다 | turn over a new leaf 새 사람이 되다 | touch 감동시키다 | attitude 태도 | completely 완전히

Step 3

Shadow speak

낭독 훈련을 충분히 하여 문장이 어느 정도 입에 붙었다면, 이번에는 스크립트 없이 오디오를 들으면서 한 박자 천천히 섀도우스피킹(그림자 따라 말하기)을 해 보세요.

섀도우스피킹을 할 때에는 따라 말하면서 오디오에서 나오는 소리를 동시에 들어야 합니다.

MP3 31-01

1 ☐ 2 ☐ 3 ☐ 4 ☐ 5 ☐ 6 ☐ 7 ☐ 8 ☐

Questions & Answers

스토리에 나온 문장을 활용하여 질문에 답해 보세요.

1 **How** did the chef feel when he started teaching a cooking class?

▸ At first,

2 **Why** did the boy save two dollars and cook tomato soup for his father?

▸ Because he wanted

3 **What** did the chef wonder about his own food?

▸ He wondered

Summarize

앞서 낭독 훈련한 스토리의 중심 생각을 담아 요약해서 말해 보세요.

MP3 31-03

Is your job just a means to earn a living?
Or are you trying to touch people's souls?
We should do work in the service of others.
We can make our work meaningful by changing our attitude.

Storytelling

앞서 낭독 훈련한 스토리를 기억하여 실제로 스토리텔링할 수 있는지 빈칸에 알맞은 말을 넣어 스토리텔링해 보세요. 기억이 잘 안 난다면 우리말 해석을 보고 빈칸을 채워서 말해 보세요.

1 A c______ was s______ in his career.	한 요리사가 직업적으로 힘든 시간을 보내고 있었다.
2 Someone e______ him saying, "How about t______ a c______ class for children at the local church?"	어떤 사람이 "지역 교회에서 아이들에게 요리를 가르쳐주는 건 어때요?"라고 말하면서 그에게 용기를 북돋아주었다.
3 At first, he was r______ but began to e______ teaching kids how to c______.	그는 처음에 내키지 않았지만 아이들에게 요리하는 방법을 가르쳐 주는 걸 즐기기 시작했다.
4 After he t______ how to m______ tomato soup, a b______ came back with a big s______.	그가 토마토 수프 만드는 법을 가르쳐 준 후 한 소년이 환하게 웃으며 다시 왔다.
5 He told him a s______ that would c______ the chef's i______ of cooking f______.	그 아이는 그에게 요리에 대한 그 요리사의 생각을 영원히 바꿔 놓을 이야기를 들려주었다.
6 The boy's f______ was an a______ and was very s______.	소년의 아버지는 알코올중독자였고 심하게 아팠다.
7 The family was p______ and had no f______.	가족은 가난했고 미래가 보이지 않았다.
8 But the boy wanted his f______ to become h______ again.	하지만 소년은 자신의 아빠가 다시 건강해지길 바랐다.

9 He s______ two dollars and c______ some tomato s______ for his f______.

그는 2달러를 저축해서 자신의 아빠를 위해 토마토 수프를 요리했다.

10 As his f______ was e______ the soup, he began to s______ and later c______ for a long time.

소년의 아버지는 수프를 먹으면서 흐느끼기 시작했고 나중엔 오랫동안 울었다.

11 He p______ his son that he would stop d______ and t______ over a new l______.

그는 자신의 아들에게 술을 끊고 새 사람이 되겠다고 약속했다.

12 When the c______ heard the boy's s______, he thought about his o______ f______.

요리사가 소년의 이야기를 들었을 때 그는 그 자신의 요리를 떠올렸다.

13 With o______ two dollars and a simple b______ of soup, the boy was a______ to touch one s______.

단 2달러와 소박한 수프 한 그릇으로 그 소년은 한 영혼을 감동시킬 수 있었다.

14 The little boy c______ his father's l______.

어린 소년이 자신의 아빠의 삶을 바꾼 것이다.

15 The chef w______ if his food had e______ t______ a person's s______.

요리사는 자기 요리가 지금껏 한 사람의 영혼이라도 감동을 시킨 적이 있는지 생각해보았다.

16 After that, his a______ toward his w______ completely c______.

그 후 자신의 일에 대한 그의 태도는 완전히 바뀌었다.

Know the Facts First

사실 확인 먼저

starting time	y m d :
finishing time	y m d :

MP3 32-01

Listen

잘 듣고 다음 이야기의 내용을 얼마나 이해할 수 있는지 확인해 보세요.

Step 2

MP3 32-02

Listen & Repeat

오디오를 들으면서 큰 소리로 따라 말해 보세요.

듣고 따라 말할 때는 의미를 생각하면서 말하려고 노력하세요.

스크립트 보면서 듣고 따라 말하기

1☐ 2☐ 3☐ 4☐ 5☐ 6☐ 7☐ 8☐

스크립트 안 보고 듣고 따라 말하기

1☐ 2☐ 3☐ 4☐ 5☐ 6☐ 7☐ 8☐

/ 끊어 읽기 　 **볼드** 강세를 두어 읽는 부분 　 ◡ 연음

1 An **old man** was **sitting** / with his **25**-year old **son** /
한 노인이 앉아 있었다 　 그의 스물다섯 살 아들과

on the **train**.
기차에

2 As the **train started** to **leave,** / the **young man** was **filled**
기차가 출발하려고 하자 　 그 청년은 흥분으로 가득 찼다

with **excitement**.

3 He **put** his **hand** out of the **window** / to **feel** the **passing air**.
그는 창밖으로 손을 내밀었다 그리고 스치는 공기를 느껴보았다

4 He **shouted**, / "**Dad**! / **Look** at **all** the **trees** and **animals** / out **there**."
그가 소리쳤다 "아빠! 저 나무들과 동물들 다 좀 보세요 저 밖에 있는"이라고

5 The **old man smiled** / at his **son**.
노인은 미소를 지었다 아들에게

6 A **young couple nearby** / **listened** to the **conversation** / between the **father** and **son**.
근처에 있던 한 젊은 커플이 그 대화를 들었다 아버지와 아들의

7 They **thought** / it was **strange** / for a **grown man** to **behave** like a **child**.
그들은 생각했다 이상한 일이라고 다 큰 남자가 아이처럼 행동하는 것이

8 **Suddenly** / the **young man spoke** out / **loudly again**.
갑자기 그 청년이 외쳤다 또 크게

9 "**Wow**, / **clouds** are **moving** / with the **train**!"
"우와, 구름이 움직여요! 기차랑 같이"

10 The **young couple became** more and more **embarrassed**.
그 젊은 커플은 점점 더 쑥스러워졌다

11 **Now** / it **started raining**.
이제 비가 오기 시작했다

12 He **shouted** again, / "**Dad**, it's **raining**. / **Water** is **touching me**, / see **dad**?"
그는 또 소리쳤다 "아빠, 비가 내려요 물이 나를 만지고 있어요 보이세요?"

13 **Finally**, / the **young couple spoke up**.
마침내 젊은 커플이 말을 꺼냈다

14 "**Why don't** you **take** your **son** to the **doctor** / to **get** some **help**?"
"어르신 아드님을 의사에게 데리고 가시는 건 어떠세요 그리고 도움을 좀 받으시죠?"

15 The **old man said**, / "**Yes**, / we **just came** from the **hospital**."
그 노인은 말했다 "맞아요 우린 금방 병원에서 오는 길이에요."

16 "**Today** / my **son** was **finally able** to **see** / for the **first time** in his **life**."
"오늘 마침내 우리 아들이 볼 수 있게 됐어요 태어나서 처음으로"

Words & Expressions

be filled with ~로 가득 차다 | excitement 흥분 | shout 외치다 | behave 행동하다 | speak out 소리높여 말하다, 거리낌없이 이야기하다 | loudly 큰 소리로, 소란하게 | embarrassed 쑥스러운, 창피한, 난처한 | speak up (분명하게) 의사를 표현하다

Step 3

MP3 32-01

Shadow speak

낭독 훈련을 충분히 하여 문장이 어느 정도 입에 붙었다면, 이번에는 스크립트 없이 오디오를 들으면서 한 박자 천천히 섀도우스피킹(그림자 따라 말하기)을 해 보세요.

섀도우스피킹을 할 때에는 따라 말하면서 오디오에서 나오는 소리를 동시에 들어야 합니다.

1 □ 2 □ 3 □ 4 □ 5 □ 6 □ 7 □ 8 □

Questions & Answers

스토리에 나온 문장을 활용하여 질문에 답해 보세요.

1 **What** did the young man do to feel the passing air?

▶

2 **How** did the young couple feel when the young man spoke out loudly again?

▶

3 **Why** was the young man filled with excitement?

▶ Because that day

MP3 32-03

Summarize

앞서 낭독 훈련한 스토리의 중심 생각을 담아 요약해서 말해 보세요.

Don't draw conclusions until you know all the facts.
Be careful not to judge based only on what you see or hear.
Find out the truth first before you make assumptions.
Or else, you might make a big mistake.

Step 4 Storytelling

앞서 낭독 훈련한 스토리를 기억하여 실제로 스토리텔링할 수 있는지 빈칸에 알맞은 말을 넣어 스토리텔링해 보세요. 기억이 잘 안 난다면 우리말 해석을 보고 빈칸을 채워서 말해 보세요.

1 An o____ man was s____ with his 25-year old s____ on the train.	한 노인이 그의 스물다섯 살 아들과 기차에 앉아 있었다.
2 As the train started to l____, the young man was f____ with e____.	기차가 출발하려고 하자 그 청년은 흥분으로 가득 찼다.
3 He put his h____ out of the w____ to f____ the passing a____.	그는 창밖으로 손을 내밀어 스치는 공기를 느껴보았다.
4 He s____, “Dad! L____ at all the t____ and a____ out there.”	그가 "아빠! 저 밖에 있는 나무들과 동물들 다 좀 보세요."라고 소리쳤다.
5 The old man s____ at his s____.	노인은 아들에게 미소를 지었다.
6 A young c____ nearby l____ to the c____ between the f____ and s____.	근처에 있던 한 젊은 커플이 아버지와 아들의 그 대화를 들었다.
7 They thought it was s____ for a g____ man to b____ like a c____.	그들은 다 큰 남자가 아이처럼 행동하는 것이 이상한 일이라고 생각했다.

8 S the young man s out l again.

갑자기 그 청년이 또 크게 외쳤다.

9 “Wow, c are m with the t !”

“우와, 구름이 기차랑 같이 움직여요!”

10 The young c became more and more e .

그 젊은 커플은 점점 더 쑥스러워졌다.

11 Now it started r .

이제 비가 오기 시작했다.

12 He s again, “Dad, it’s r . W is t me, see dad?”

그는 또 “아빠, 비가 내려요. 물이 나를 만지고 있어요. 보이세요?”라고 소리쳤다.

13 Finally, the y couple s up.

마침내 젊은 커플이 말을 꺼냈다.

14 “Why don’t you t your son to the d to get some h ?”

“어르신 아드님을 의사에게 데리고 가셔서 도움을 좀 받으시는 건 어떠세요?”

15 The old man said, “Y , we just c from the h .”

그 노인은 “맞아요, 우린 금방 병원에서 오는 길이에요.”라고 말했다.

16 “T my son was finally able to s for the f time in his l .”

“오늘 마침내 우리 아들이 태어나서 처음으로 볼 수 있게 됐어요.”

Having Faith in Your Idea

아이디어에 대한 믿음

starting time	y m d :
finishing time	y m d :

MP3 33-01

Listen

잘 듣고 다음 이야기의 내용을 얼마나 이해할 수 있는지 확인해 보세요.

Step 2

MP3 33-02

Listen & Repeat

오디오를 들으면서 큰 소리로 따라 말해 보세요.

듣고 따라 말할 때는 의미를 생각하면서 말하려고 노력하세요.

스크립트 보면서 듣고 따라 말하기

1 ☐ 2 ☐ 3 ☐ 4 ☐ 5 ☐ 6 ☐ 7 ☐ 8 ☐

스크립트 안 보고 듣고 따라 말하기

1 ☐ 2 ☐ 3 ☐ 4 ☐ 5 ☐ 6 ☐ 7 ☐ 8 ☐

/ 끊어 읽기 **볼드** 강세를 두어 읽는 부분 ◡ 연음

1 A **professor told** his **students** / to **submit** a **business plan** / that would **work**.

한 교수가 학생들에게 말했다 / 사업 계획을 하나씩 제출하라고 / 성공할 만한

2 After **thinking hard**, / one **student turned** in a **paper**.

고심 끝에 / 한 학생이 리포트를 제출했다

3 He **believed** / his **plan** was **really brilliant**.

그 학생은 믿었다 / 자신의 계획이 정말 훌륭하다고

4 The **basic concept** was an **overnight delivery service** /
기본적인 구상은 익일 배송 서비스였다

in a **computer information age**.
컴퓨터 정보화 시대의

5 He **thought** / you could **send packages** all over the **world** /
그는 생각했다 여러분이 전 세계로 소포를 보낼 수 있을 거라고

from a **central location**.
중심적인 어떤 위치에서

6 **But** / the **professor gave** him a **low grade** / because he
하지만 교수는 그에게 낮은 점수를 주었다 왜냐하면 교수는 생각

thought / it **wouldn't work**.
했기 때문에 그 계획이 성공하지 못할 거라고

7 **Nevertheless,** / the **student decided** / to **establish** his **delivery**
그럼에도 불구하고 그 학생은 결정했다 어찌 됐든 자신의 배송 회사를 설립하기로

company anyway.

8 The **company** had its **ups** and **downs,** /
이 회사는 부침을 거듭했다

but **more downs** in
하지만 초창기에는 힘든 점이 더 많았다

the **beginning**.

9 He was **struggling** to **pay expenses** / and **couldn't** get a

그는 비용을 대기가 힘들었다 그리고 융자를 얻을 수도 없었다

loan.

10 At **one point**, / the **man actually bet** the company's **last**

한번은 그 사람이 실제로 회사의 마지막 3천 달러를 내기에 걸기도 했다

$3,000 / in **Las Vegas**.

라스베이거스에서

11 **Luckily**, / he **won** some **money** / and was **able** to **cover**

운 좋게도 그는 돈을 좀 땄다 그리고 회사 경비를 댈 수 있었다

company costs.

12 The **company** later **grew** / to **offer** worldwide **delivery**

그 회사는 나중에 성장했다 세계적인 배송 서비스를 제공하는 회사로

services.

13 **This** is the **story** / of the **founding** of **FedEx**.

이것이 스토리이다 페덱스의 창업에 대한

14 The **founder, Fred W. Smith**, / is **now worth** over

설립자인 프레드 스미스는 이제 2조원이 넘는 자산가가 되었다

$2 billion.

Words & Expressions

submit 제출하다 | turn in 제출하다 | brilliant 훌륭한, 멋진 | delivery 배송 | package 소포 | nevertheless 그럼에도 불구하고 | establish 설립하다 | ups and downs 좋을 때와 나쁠 때, 부침 | expense 비용 | loan 융자, 대출 | bet 내기에 걸다 | cover 감당하다, 메우다 | founding 창립 | founder 창업자, 설립자

Step 3

MP3 33-01

Shadow speak

낭독 훈련을 충분히 하여 문장이 어느 정도 입에 붙었다면, 이번에는 스크립트 없이 오디오를 들으면서 한 박자 천천히 섀도우스피킹(그림자 따라 말하기)을 해 보세요.

섀도우스피킹을 할 때에는 따라 말하면서 오디오에서 나오는 소리를 동시에 들어야 합니다.

1☐ 2☐ 3☐ 4☐ 5☐ 6☐ 7☐ 8☐

Questions & Answers

스토리에 나온 문장을 활용하여 질문에 답해 보세요.

1 **What** was the basic concept of the student's plan?

▸

2 **Why** did the professor give the student a low grade?

▸ Because

3 **How** did the company change later?

▸

Summarize

앞서 낭독 훈련한 스토리의 중심 생각을 담아 요약해서 말해 보세요.

MP3 33-03

New ideas are often criticized because people think they're ridiculous.
But **if you know it's worthwhile, you have to have faith in your idea**.
You must keep working at it until it becomes a reality.
Only then can people see its true value.

Storytelling

앞서 낭독 훈련한 스토리를 기억하여 실제로 스토리텔링할 수 있는지 빈칸에 알맞은 말을 넣어 스토리텔링해 보세요. 기억이 잘 안 난다면 우리말 해석을 보고 빈칸을 채워서 말해 보세요.

1 A p______ told his students to s______ a b______ plan that would w______.

한 교수가 학생들에게 성공할 만한 사업 계획을 하나씩 제출하라고 말했다.

2 After t______ hard, one student t______ in a p______.

고심 끝에 한 학생이 리포트를 제출했다.

3 He b______ his plan was really b______.

그 학생은 자신의 계획이 정말 훌륭하다고 믿었다.

4 The basic c______ was an o______ d______ service in a computer information age.

기본적인 구상은 컴퓨터 정보화 시대의 익일 배송 서비스였다.

5 He thought you could send p______ all over the w______ from a c______ location.

그는 여러분이 중심적인 어떤 위치에서 전 세계로 소포를 보낼 수 있을 거라고 생각했다.

6 But the professor g______ him a l______ g______ because he thought it w______ work.

하지만 교수는 그 계획이 성공하지 못할 거라고 생각했기 때문에 그에게 낮은 점수를 주었다.

7 N______, the student d______ to e______ his delivery c______ anyway.

그럼에도 불구하고 그 학생은 어찌 됐든 자신의 배송 회사를 설립하기로 결정했다.

8 The company had its u and d, but more downs in the b.

회사는 부침을 거듭했지만 초창기에는 힘든 점이 더 많았다.

9 He was s to pay e and couldn't get a l.

그는 비용을 대기가 힘들었고 융자를 얻을 수도 없었다.

10 At one p, the man actually b the company's l $3,000 in Las Vegas.

한번은 그 사람이 실제로 라스베이거스에서 회사의 마지막 3천 달러를 내기에 걸기도 했다.

11 L, he w some money and was able to c company c.

운 좋게도 그는 돈을 좀 땄고 회사 경비를 댈 수 있었다.

12 The company later g to offer w delivery s.

그 회사는 나중에 세계적인 배송 서비스를 제공하는 회사로 성장했다.

13 This is the story of the f of FedEx.

이것이 페덱스의 창업에 대한 스토리이다.

14 The f, Fred W. Smith, is now w over $2 billion.

회사의 설립자 프레드 스미스는 이제 2조원이 넘는 자산가가 되었다.

Change Starts with One

변화는 한 걸음씩

starting time	y	m	d	:
finishing time	y	m	d	:

MP3 34-01

Listen

잘 듣고 다음 이야기의 내용을 얼마나 이해할 수 있는지 확인해 보세요.

Step 2

MP3 34-02

Listen & Repeat

오디오를 들으면서 큰 소리로 따라 말해 보세요.

듣고 따라 말할 때는 의미를 생각하면서 말하려고 노력하세요.

스크립트 보면서 듣고 따라 말하기

1☐ 2☐ 3☐ 4☐ 5☐ 6☐ 7☐ 8☐

스크립트 안 보고 듣고 따라 말하기

1☐ 2☐ 3☐ 4☐ 5☐ 6☐ 7☐ 8☐

/ 끊어 읽기 　 **볼드** 강세를 두어 읽는 부분 　 ◡ 연음

1 A **woman** named **Mary** / had **retired** from her **job**.

메리라는 이름의 한 여성이 　 직장에서 은퇴를 했다

2 She **achieved** a **great success** / in her **career**.

그녀는 커다란 성공을 이루었다 　 직업적으로

3 **Now** / she **wanted** to do **something great** / for the **world**.

이제 　 그녀는 뭔가 대단한 일을 하고 싶었다 　 세상을 위해

4 She **kept thinking** / but **couldn't figure** out / **what** to **do**.
그녀는 계속 생각해봤다 하지만 알 수가 없었다 무엇을 해야 할지

5 **One day** / she **visited** a **cathedral**, / **hoping** for an **answer** / to her **wish**.
하루는 그녀가 한 성당을 방문했다 답을 얻고자 자신의 소원에 대한

6 **While there**, / she **met** a **small old nun**.
거기에 있으면서 그녀는 작은 노수녀님을 한 분 만났다

7 **Mary asked** her, / "There are **millions** of **people** in the **world** / who **need help**. / **What** should **I do**?"
메리가 그녀에게 물었다 "사람들이 세상에 수도 없이 많아요. 도움이 필요한 제가 어떻게 하면 좋을까요?"라고

8 The **nun said**, / "**Just help one person** / at a **time**."
그 수녀님은 말했다 "그냥 한 사람씩 도우세요 한 번에"라고

9 **All** of a **sudden**, / Mary **remembered** **something** / from the **past**.
갑자기 메리는 뭔가를 기억해냈다. 과거에서

10 She **had** a **mentor** / who used to **say similar things**.
그녀에겐 멘토가 한 사람 있었다 이와 비슷한 말들을 해주곤 한

11 He **said**, / "When it comes to **change**, / **people** often **think** of **something dramatic**."
그는 말했다 "변화에 대해서 사람들은 종종 뭔가 드라마틱한 걸 생각해."라고

12 "**But** / if you **want** a **real change**, / **always start small**."
"하지만 네가 실질적인 변화를 원한다면 항상 작게 시작해."

13 The **next day**, / she **volunteered** to **help** a **poor girl** / in a **nearby town**.
그다음 날 그녀는 한 가난한 소녀를 돕기로 자원했다 근처 마을의

14 **Later**, / Mary **found** out / that the **old nun** was **Mother Teresa**.
나중에 메리는 알게 되었다 그 노수녀님이 마더 테레사였다는 걸

Words & Expressions

retire 은퇴하다 | achieve 달성하다 | career 커리어, 경력 | figure out 이해하다, 생각해내다 | cathedral 성당 | nun 수녀 | at a time 한번에 | dramatic 극적인 | volunteer 자원하다, 자진하다

Step 3

MP3 34-01

Shadow speak

낭독 훈련을 충분히 하여 문장이 어느 정도 입에 붙었다면, 이번에는 스크립트 없이 오디오를 들으면서 한 박자 천천히 섀도우스피킹(그림자 따라 말하기)을 해 보세요.

섀도우스피킹을 할 때에는 따라 말하면서 오디오에서 나오는 소리를 동시에 들어야 합니다.

1 ☐ 2 ☐ 3 ☐ 4 ☐ 5 ☐ 6 ☐ 7 ☐ 8 ☐

Questions & Answers

스토리에 나온 문장을 활용하여 질문에 답해 보세요.

1 **Why** did Mary visit a cathedral?

▸ She was hoping

2 **What** was the advice of the old nun?

▸ The nun said, “

3 **Who** did Mary find out the old nun was?

▸ Mary found out that

MP3 34-03

Summarize

앞서 낭독 훈련한 스토리의 중심 생각을 담아 요약해서 말해 보세요.

A journey of a thousand miles begins with a single step. So you want to make a difference and change the world? Then go out and look for one thing you can definitely change. That **one change eventually leads to a thousand changes.**

Storytelling

앞서 낭독 훈련한 스토리를 기억하여 실제로 스토리텔링할 수 있는지 빈칸에 알맞은 말을 넣어 스토리텔링해 보세요. 기억이 잘 안 난다면 우리말 해석을 보고 빈칸을 채워서 말해 보세요.

1 A woman n____ Mary had r____ from her job.	메리라는 이름의 한 여성이 직장에서 은퇴를 했다.
2 She a____ a great s____ in her c____.	그녀는 직업적으로 커다란 성공을 이루었다.
3 Now she w____ to do something g____ for the w____.	이제 그녀는 세상을 위해 뭔가 대단한 일을 하고 싶었다.
4 She kept t____ but couldn't f____ out what to d____.	그녀는 계속 생각해봤지만 무엇을 해야 할지 알 수가 없었다.
5 One day she v____ a c____, hoping for an a____ to her w____.	하루는 그녀가 자신의 소원에 대한 답을 얻고자 한 성당을 방문했다.
6 While there, she m____ a small old n____.	거기에 있으면서 그녀는 작은 노수녀님을 한 분 만났다.
7 Mary a____ her, "There are m____ of people in the world who n____ help. What s____ I do?"	메리가 그녀에게 "도움이 필요한 사람들이 세상에 수도 없이 많아요. 제가 어떻게 하면 좋을까요?"라고 물었다.

8 The n said, “J help o person at a t .”

그 수녀님은 “그냥 한 번에 한 사람씩 도우세요.”라고 말했다.

9 All of a s , Mary r something from the p .

갑자기 메리는 과거에서 뭔가를 기억해냈다.

10 She had a m who u to say s things.

그녀에겐 이와 비슷한 말들을 해주곤 한 멘토가 한 사람 있었다.

11 He said, “When it comes to c , people often t of something d .”

그는 “변화에 대해서 사람들은 종종 뭔가 드라마틱한 걸 생각해.”라고 말했다.

12 “But if you want a r change, always s s .”

“하지만 네가 실질적인 변화를 원한다면 항상 작게 시작해.”

13 The n day, she v to help a p girl in a n town.

그다음 날 그녀는 근처 마을의 한 가난한 소녀를 돕기로 자원했다.

14 Later, Mary f out that the old nun was M T .

나중에 메리는 그 노수녀님이 마더 테레사였다는 걸 알게 되었다.

The Old Woman in the Rain

빗속의 노부인

starting time	y m d :
finishing time	y m d :

MP3 35-01

Listen

잘 듣고 다음 이야기의 내용을 얼마나 이해할 수 있는지 확인해 보세요.

Step 2

MP3 35-02

Listen & Repeat

오디오를 들으면서 큰 소리로 따라 말해 보세요.

듣고 따라 말할 때는 의미를 생각하면서 말하려고 노력하세요.

스크립트 보면서 듣고 따라 말하기

1☐ 2☐ 3☐ 4☐ 5☐ 6☐ 7☐ 8☐

스크립트 안 보고 듣고 따라 말하기

1☐ 2☐ 3☐ 4☐ 5☐ 6☐ 7☐ 8☐

/ 끊어 읽기 **볼드** 강세를 두어 읽는 부분 ◡ 연음

1 An **old lady** was **walking** by a **department store** / and it **started** to **rain**.

어떤 노부인이 한 백화점을 지나고 있었다 그런데 비가 내리기 시작했다

2 She **went in** / to **get** out of the **rain**.

그녀는 안으로 들어갔다 비를 피하기 위해

3 **Some** of the **store clerks** were **annoyed** / by the **old woman**.

몇몇 백화점 점원들은 짜증이 났다 그 노부인에게

4 They **knew** / she **wasn't** going to **buy anything** / so they
그들은 알았다 그녀가 어떤 물건도 사지 않을 것이란 것을 그래서 그들은

ignored her.
그녀를 무시했다

5 **But** / **one clerk** named **Perry asked**, / "Can I **help you**?"
하지만 페리라는 이름의 한 점원은 물었다 "도와드릴까요?"라고

6 She **said,** / "I **just need** to **wait** / until the **rain stops**."
그 부인은 말했다 "그냥 좀 기다리려고요 비가 그칠 때까지"라고

7 **Perry offered** her a **place** / to **sit** down / while she **waited**.
페리는 그녀에게 장소를 권했다 앉아 있을 만한 그녀가 기다리는 동안

8 He **made sure** / she was **okay** / before **hurrying back** to **work**.
그는 확인을 했다 그녀가 편안한지 바삐 일터로 돌아가기 전에

9 **After** a **while**, / the **rain stopped** / and the **woman left** /
얼마 후 비가 멈췄다 그리고 그 여성은 떠났다

with **Perry's business card**.
페리의 명함을 가지고

10 A **few weeks later** / the **CEO** of the **store received** a **letter** /
몇 주가 지나 백화점의 최고경영자는 편지를 한 통 받았다

from the **old woman**.
그 노부인으로부터

11 In the **letter** / she **said**, / "I **want** to **make** a **contract** /
편지에서 그녀는 말했다 "저는 계약을 하고 싶습니다

with your **store**."
당신의 가게와"라고

12 "**But** / there's **one condition** / — **Perry** should **be** in **charge**."
"하지만 한 가지 조건이 있습니다 페리가 담당이 되어야 합니다."

13 The **contract** would **bring** in / **two years** of **revenue**.
그 계약은 벌어들일 수 있을 만한 것이었다 2년 치 수익을

14 The **woman** was **Margaret Carnegie**, / the **mother** of **steel**
그 여성은 마거릿 카네기였다 억만장자인 강철왕

billionaire Andrew Carnegie.
앤드류 카네기의 어머니

15 **Perry** was **promoted** to **partner** of the **store** / when he
페리는 백화점의 파트너로 승진했다 그의 나이 불과

was **only 22**.
스물두 살 때

Words & Expressions

clerk 점원, 직원 | annoyed 짜증난, 귀찮은 | ignore 무시하다 | hurry 서두르다 | contract 계약 | in charge ~을 맡은, 담당인 | bring in (수입)을 가져오다 | revenue 수익 | billionaire 억만장자 | promote 승진시키다 | partner (기업의) 공동 출자자/경영자, (공동 출자한) 사원/조합원

Step 3

MP3 35-01

Shadow speak

낭독 훈련을 충분히 하여 문장이 어느 정도 입에 붙었다면, 이번에는 스크립트 없이 오디오를 들으면서 한 박자 천천히 섀도우스피킹(그림자 따라 말하기)을 해 보세요.

섀도우스피킹을 할 때에는 따라 말하면서 오디오에서 나오는 소리를 동시에 들어야 합니다.

1☐ 2☐ 3☐ 4☐ 5☐ 6☐ 7☐ 8☐

Questions & Answers

스토리에 나온 문장을 활용하여 질문에 답해 보세요.

1 **Why** were some of the store clerks annoyed by the old woman?

▸ Because they knew

2 **What** did Perry offer the woman?

▸

3 **Who** was the woman?

▸

MP3 35-03

Summarize

앞서 낭독 훈련한 스토리의 중심 생각을 담아 요약해서 말해 보세요.

We can see that small acts of kindness can lead to big changes in life.
Giving a little sometimes brings you a lot in return.
No act of kindness, no matter how small, is ever wasted.

Step 4 Storytelling

앞서 낭독 훈련한 스토리를 기억하여 실제로 스토리텔링할 수 있는지 빈칸에 알맞은 말을 넣어 스토리텔링해 보세요. 기억이 잘 안 난다면 우리말 해석을 보고 빈칸을 채워서 말해 보세요.

1 An old l______ was walking by a d______ s______ and it started to rain.

어떤 노부인이 한 백화점을 지나고 있었는데 비가 내리기 시작했다.

2 She w______ in to get out of the r______.

그녀는 비를 피하기 위해 안으로 들어갔다.

3 Some of the store c______ were a______ by the o______ woman.

몇몇 백화점 점원들은 그 노부인에게 짜증이 났다.

4 They k______ she wasn't going to b______ anything so they i______ her.

그들은 그녀가 어떤 물건도 사지 않을 것이란 것을 알아서 그들은 그녀를 무시했다.

5 But one clerk n______ Perry a______, "Can I h______ you?"

하지만 페리라는 이름의 한 점원은 "도와드릴까요?"라고 물었다.

6 She said, "I just n______ to w______ until the rain s______."

그 부인은 "그냥 비가 그칠 때까지 좀 기다리려고요."라고 말했다.

7 Perry o______ her a p______ to s______ down while she w______.

페리는 그녀에게 그녀가 기다리는 동안 앉아 있을 만한 장소를 권했다.

8 He made s she was okay before h back to w .

그는 바삐 일터로 돌아가기 전에 그녀가 편안한지 확인을 했다.

9 After a w , the rain s and the woman l with Perry's b card.

얼마 후 비가 멈췄고 그 여성은 페리의 명함을 가지고 떠났다.

10 A few w later the CEO of the store r a l from the old woman.

몇 주가 지나 백화점의 최고경영자는 그 노부인으로부터 편지를 한 통 받았다.

11 In the l she said, "I want to make a c with your s ."

편지에서 그녀는 "저는 당신의 가게와 계약을 하고 싶습니다." 라고 말했다.

12 "But there's one c — Perry should be in c ."

"하지만 한 가지 조건이 있습니다. 페리가 담당이 되어야 합니다."

13 The c would b in two years of r .

그 계약은 2년 치 수익을 벌어들일 수 있을 만한 것이었다.

14 The w was Margaret Carnegie, the m of steel b Andrew Carnegie.

그 여성은 억만장자 강철왕 앤드류 카네기의 어머니, 마거릿 카네기였다.

15 Perry was p to p of the store when he was o 22.

페리는 그의 나이 불과 스물두 살 때 백화점의 파트너로 승진했다.

Real Business Means Caring

진정한 비즈니스는 배려

starting time	y m d :
finishing time	y m d :

Step 1 MP3 36-01

Listen
잘 듣고 다음 이야기의 내용을 얼마나 이해할 수 있는지 확인해 보세요.

Step 2 MP3 36-02

Listen & Repeat
오디오를 들으면서 큰 소리로 따라 말해 보세요.
듣고 따라 말할 때는 의미를 생각하면서 말하려고 노력하세요.

스크립트 보면서 듣고 따라 말하기
1☐ 2☐ 3☐ 4☐ 5☐ 6☐ 7☐ 8☐

스크립트 안 보고 듣고 따라 말하기
1☐ 2☐ 3☐ 4☐ 5☐ 6☐ 7☐ 8☐

/ 끊어 읽기 **볼드** 강세를 두어 읽는 부분 ◡ 연음

1 A **young woman bought** some **shoes** / for her **sick mother**.
한 젊은 여성이 신발을 샀다 병든 어머니를 위해

2 She **got** them / from an **online shoe store**.
그녀는 신발을 구매했다 온라인 가게를 통해

3 **Sadly**, / her **mother passed away** / before she could **wear** the **new shoes**.
슬프게도 그녀의 어머니는 세상을 떠났다 어머니가 그 새 신발을 신어보기도 전에

4 **Some time later** / the **shoe company sent** the **woman** **an email**.
얼마 후 / 그 신발 회사는 그녀에게 이메일을 보내왔다

5 They **asked** / if the **shoes fit well** / and if she **liked** them.
그들은 물었다 / 신발이 잘 맞는지 / 그리고 그녀가 신발을 마음에 들어했는지

6 The **young woman wrote back** / that her **mother recently passed away**.
그 젊은 여성은 답장을 보냈다 / 그녀의 어머니가 최근에 돌아가셨다고

7 She **said** / her **mother never got** a **chance** / to **wear** them.
그녀는 말했다 / 자신의 어머니가 기회를 전혀 가지지 못했다고 / 신발을 신어볼

8 She **asked** / if she could **still get** a **refund**, / even though the **refund period** had **passed**.
그녀는 물어보았다 / 그녀가 아직도 환불받을 수 있는지 / 비록 환불 기간이 지났긴 했지만

9 The **shoe company wrote back right away** / and **said not** to **worry**.
그 신발 회사는 즉시 답장을 보냈다 / 그리고 걱정하지 말라고 했다.

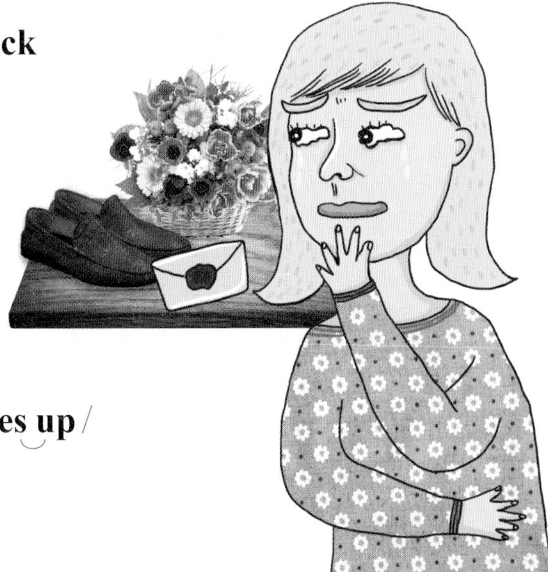

10 **They** would **send someone** to her **home** / to **pick** the **shoes up** / and **refund** her **money**.
그들은 그녀의 집에 사람을 보냈다 / 신발을 회수하기 위해 / 그리고 그녀에게 환불을 해주기 위해

11 The company **also sent** her **flowers** and a **card** / to **express** **their** **condolences**.
그 회사는 또 그녀에게 꽃다발과 카드도 보냈다 / 위로를 표하는

12 The **young woman** was **so moved** / that she **wrote** about **what happened** / on her **blog**.
그 젊은 여성은 아주 감동을 받아서 / 그녀는 어떤 일이 있었는지 글을 남겼다 / 자신의 블로그에

13 She **also recommended** the **shoe company** / **everywhere**.
그녀는 또한 그 신발 회사를 추천했다 / 모든 곳에

14 Her **blog entry** / quickly **went viral**.
그녀의 블로그의 글은 / 금세 입소문을 탔다

15 The **company** was **called Zappos**, / and they **began** to **gain** a **lot** of **attention**.
그 회사는 '자포스'란 기업이었다 / 그리고 그들은 많은 주목을 받기 시작했다

16 **Zappos** was **later acquired** / by **Amazon.com** / at their **highest share price**.
자포스는 나중에 인수되었다 / 아마존 닷컴에 의해 / 최고의 주가로

Words & Expressions

pass away 사망하다 | wear 걸치다, 신다 | fit 맞다 | recently 최근에 | refund 환불하다 | express 표현하다 | condolence 애도, 조의 | recommend 추천하다 | entry 입력; 기록 항목 | go viral 입소문이 나다 | attention 주목 | acquire 인수하다 | share price 주가(주식가격)

Step 3

MP3 36-01

Shadow speak

낭독 훈련을 충분히 하여 문장이 어느 정도 입에 붙었다면, 이번에는 스크립트 없이 오디오를 들으면서 한 박자 천천히 섀도우스피킹(그림자 따라 말하기)을 해 보세요.

섀도우스피킹을 할 때에는 따라 말하면서 오디오에서 나오는 소리를 동시에 들어야 합니다.

1☐ 2☐ 3☐ 4☐ 5☐ 6☐ 7☐ 8☐

Questions & Answers

스토리에 나온 문장을 활용하여 질문에 답해 보세요.

1 **Why** did the shoe company send the young woman an email?

▸ Because they wanted to ask

2 **What** did the company also send the young woman?

▸

3 **Who** later acquired Zappos and under **what** conditions?

▸ Zappos was later

MP3 36-03

Summarize

앞서 낭독 훈련한 스토리의 중심 생각을 담아 요약해서 말해 보세요.

Treat customers as people first, not as simply potential profits.
Remember the order of priorities in life: people first, money second, things last.
Just satisfying your customers may not be enough.
Reach out and connect with them.

Storytelling

앞서 낭독 훈련한 스토리를 기억하여 실제로 스토리텔링할 수 있는지 빈칸에 알맞은 말을 넣어 스토리텔링해 보세요. 기억이 잘 안 난다면 우리말 해석을 보고 빈칸을 채워서 말해 보세요.

1 A young woman b______ some s______ for her sick m______.	한 젊은 여성이 병든 어머니를 위해 신발을 샀다.
2 She g______ them from an o______ shoe s______.	그녀는 온라인 가게를 통해 신발을 구매했다.
3 Sadly, her mother p______ away b______ she could w______ the new s______.	슬프게도 그녀의 어머니는 그 새 신발을 신어보기도 전에 세상을 떠났다.
4 Some time l______ the shoe c______ sent her an e______.	얼마 후 그 신발 회사는 그녀에게 이메일을 보내왔다.
5 They a______ if the shoes f______ well and i______ she l______ them.	그들은 신발이 잘 맞는지 그리고 그녀가 신발을 마음에 들어했는지 물었다.
6 The young w______ wrote back that her m______ recently p______ away.	그 젊은 여성은 자신의 어머니가 최근에 돌아가셨다고 답장을 보냈다.
7 She said her mother n______ got a c______ to wear t______.	그녀는 자신의 어머니가 신발을 신어볼 기회를 전혀 가지지 못했다고 말했다.
8 She a______ if she could still get a r______, even though the r______ period had p______.	그녀는 비록 환불 기간이 지나긴 했지만 그녀가 아직도 환불받을 수 있는지 물어보았다.

9 The shoe c wrote back r a and said not to w .

그 신발 회사는 즉시 답장을 보냈고 걱정하지 말라고 했다.

10 They would send s to her home to p the shoes up and r her m .

그 회사는 신발을 회수하고 그녀에게 환불을 해주기 위해 그녀의 집에 사람을 보냈다.

11 The company also s her f and a card to e their c .

그 회사는 또 그녀에게 위로를 표하는 꽃다발과 카드도 보냈다.

12 The young woman was so m that she wrote about what h on her b .

그 젊은 여성은 아주 감동을 받아서 어떤 일이 있었는지 자신의 블로그에 글을 남겼다.

13 She also r the shoe company e .

그녀는 또한 그 신발 회사를 모든 곳에 추천했다.

14 Her blog e quickly went v .

그녀의 블로그의 글은 금세 입소문을 탔다.

15 The company was c Zappos, and they began to g a lot of a .

그 회사는 '자포스'란 기업이었고, 그들은 많은 주목을 받기 시작했다.

16 Zappos was later a by Amazon.com at their highest s p .

자포스는 나중에 아마존 닷컴에 의해 최고의 주가로 인수되었다.

Anything Is Possible
불가능은 없다

starting time	y m d :
finishing time	y m d :

MP3 37-01

Listen
잘 듣고 다음 이야기의 내용을 얼마나 이해할 수 있는지 확인해 보세요.

Step 2

MP3 37-02

Listen & Repeat
오디오를 들으면서 큰 소리로 따라 말해 보세요.
듣고 따라 말할 때는 의미를 생각하면서 말하려고 노력하세요.

스크립트 보면서 듣고 따라 말하기
1☐ 2☐ 3☐ 4☐ 5☐ 6☐ 7☐ 8☐

스크립트 안 보고 듣고 따라 말하기
1☐ 2☐ 3☐ 4☐ 5☐ 6☐ 7☐ 8☐

/ 끊어 읽기　　**볼드** 강세를 두어 읽는 부분　　◡ 연음

1 **Tom** and **John** were **arguing** / over **possibilities** in our **lives**.
톰과 존이 논쟁을 벌이고 있었다 / 우리 삶에서의 가능성에 대해

2 **Tom said**, / "**I bet** / I can **get** the **Mayor's daughter** to **marry** the **farmer's son**."
톰이 말했다 / "난 확신해 / 내가 시장의 딸을 농부의 아들과 결혼시킬 수 있다고"라고

3 **John sneered** and **replied**, / "If **you** can **do that**, / I'll **give** you a **$1,000!**"
존은 비웃으며 대답했다 / "네가 그렇게 할 수 있다면 / 내가 네게 천 달러를 줄게."라고

4 **So** / **Tom went** to the **farmer**.
그래서 톰은 농부에게로 갔다

5 "**Let** me **take** your **only son** to the **city**," / he **said**.
"내가 당신 독자를 시내로 데려갈 수 있게 해주시오."라고 톰이 말했다

6 The **farmer asked**, / "**Why** would I **let** you **do that** / during **harvest season**?"
농부가 물었다 "내가 왜 당신이 그러도록 허락해야 하오? 추수철에"라고

7 **Tom explained**, / "I will **get** the **Mayor's daughter** to **marry** your **son**."
톰이 설명했다 "내가 시장의 딸과 당신 아들을 결혼시켜 주겠소."라고

8 The **farmer laughed** and **said**, / "**Why not**?"
농부는 웃으며 말했다 "한번 해보시구려."라고

9 **Then** / **Tom went** to the **Mayor**.
그러자 톰은 시장에게 갔다

10 "**Mr. Mayor**, / I have **found** the **best man** / for your **daughter**."
"시장님 제가 최고의 신랑감을 발견했습니다 따님에게 맞는"

11 The **Mayor joked**, / "Well, / **not unless you** have **found** the **richest guy** in the **city**."
시장은 농담을 했다 "음 당신이 우리 시에서 제일 부자 총각을 발견하지 않는 한 안되지"라고

12 **Tom replied,** / "**Not** the **richest** / **but what if** your **daughter**
톰이 대답했다 "최고 부자는 아닙니다 하지만 제일 큰 은행의 부사장과 따님이 결혼하는 건

married the **Vice President** of the **largest bank**?"
어떻겠습니까?"라고

13 The **Mayor also laughed** and **said,** / "**Sure, why not**?"
시장은 또 웃으며 말했다 "좋소, 한번 해보시구려."라고

14 **Now,** / **Tom went** to the **largest bank.**
이번엔 톰은 제일 큰 은행으로 갔다

15 He **told** the **President** of the **bank,** / "I have the **right man** /
톰은 그 은행의 사장에게 말했다 "제가 적합한 사람을 알고 있습니다

to be your **Vice President.**"
부사장으로 "라고

16 "**Why** would I **need** a **Vice President**?" / **asked** the
"왜 내가 부사장이 필요하단 말이오?"라고 사장은 물었다

President.

17 "He's the **son-in-law** of the **Mayor.** / The **City Council** is
"그 사람은 시장의 사위예요 시의회가 지금 은행 조례를 통과시키려

just about to **pass** some **bank regulations,**" / **said Tom.**
하고 있지요."라고 톰이 말했다

18 The **President thought** / for a **few seconds** / and **agreed.**
사장은 생각을 했다 잠시 그리고 동의를 했다

Words & Expressions

argue 논쟁하다 | possibility 가능성 | sneer 비웃다, 조롱하다 | harvest 추수 |
Why not? 안 될 거 없죠? | unless ~하지 않는다면, ~가 아닌 한 | what if ~라면 어떻게 될까 |
son-in-law 사위 | City Council 시의회 | be about to 막 ~하려 하다 | regulation 규정, 조례, 규제

Step 3

Shadow speak

낭독 훈련을 충분히 하여 문장이 어느 정도 입에 붙었다면, 이번에는 스크립트 없이 오디오를 들으면서 한 박자 천천히 섀도우스피킹(그림자 따라 말하기)을 해 보세요.

섀도우스피킹을 할 때에는 따라 말하면서 오디오에서 나오는 소리를 동시에 들어야 합니다.

1 ☐ 2 ☐ 3 ☐ 4 ☐ 5 ☐ 6 ☐ 7 ☐ 8 ☐

MP3 37-01

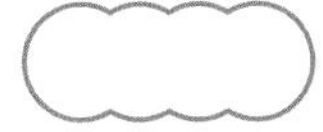

Questions & Answers

스토리에 나온 문장을 활용하여 질문에 답해 보세요.

1 **What** was John's response to what Tom said he could do?

▸ John

2 **Why** did the farmer agree to Tom's plan?

▸ Because Tom explained, "

3 **Who** did Tom say was the man that would be the banker's Vice President?

▸ He's the

Summarize

앞서 낭독 훈련한 스토리의 중심 생각을 담아 요약해서 말해 보세요.

MP3 37-03

Anything is possible if you think outside the box.
Try to be open to any possibilities.
That is the best way to solve difficult problems.

Storytelling

앞서 낭독 훈련한 스토리를 기억하여 실제로 스토리텔링할 수 있는지 빈칸에 알맞은 말을 넣어 스토리텔링해 보세요. 기억이 잘 안 난다면 우리말 해석을 보고 빈칸을 채워서 말해 보세요.

1 Tom and John were a______ over p______ in our lives.	톰과 존이 우리 삶에서의 가능성에 대해 논쟁을 벌이고 있었다.
2 Tom said, "I b______ I can get the Mayor's daughter to m______ the farmer's son."	톰이 "난 내가 시장의 딸을 농부의 아들과 결혼시킬 수 있다고 확신해."라고 말했다.
3 John s______ and r______, "If you can do that, I'll g______ you a $1,000!"	존은 비웃으며 "네가 그렇게 할 수 있다면 내가 네게 천 달러를 줄게."라고 대답했다.
4 So Tom w______ to the f______.	그래서 톰은 농부에게로 갔다.
5 "Let me t______ your only s______ to the c______," he said.	"내가 당신 독자를 시내로 데려갈 수 있게 해주시오."라고 톰이 말했다.
6 The farmer asked, "W______ would I l______ you do that during h______ s______?"	농부가 "추수철에 내가 왜 당신이 그러도록 허락해야 하오?"라고 물었다.
7 Tom e______, "I will get the Mayor's d______ to marry your s______."	톰이 "내가 시장의 딸과 당신 아들을 결혼시켜주겠소."라고 설명했다.
8 The farmer l______ and said, "Why not?"	농부는 웃으며 "한번 해보시구려."라고 말했다.
9 Then Tom went to the M______.	그러자 톰은 시장에게 갔다.
10 "Mr. Mayor, I have f______ the b______ man for your d______."	"시장님, 제가 따님에게 맞는 최고의 신랑감을 발견했습니다."

11 The Mayor j , "Well, not u you have f the r guy in the city."

시장은 "당신이 우리 시에서 제일 부자 총각을 발견하지 않는 한 안되지."라고 농담을 했다.

12 Tom r , "N the richest but what if your daughter m the V P of the largest bank?"

톰이 "최고 부자는 아니지만 제일 큰 은행의 부사장과 따님이 결혼하는 건 어떻겠습니까?"라고 대답했다.

13 The Mayor also l and said, "S , why n ?"

시장은 또 웃으며 "좋소, 한번 해 보시구려."라고 말했다.

14 Now, Tom went to the l b .

톰은 이번엔 제일 큰 은행으로 갔다.

15 He told the P of the bank, "I have the r man to be your V P ."

톰은 그 은행의 사장에게 "제가 부사장으로 적합한 사람을 알고 있습니다."라고 말했다.

16 "Why would I n a V P ?" asked the President.

사장은 "왜 내가 부사장이 필요하단 말이오?"라고 물었다.

17 "He's the s of the M . The City C is just about to p some bank r ," said Tom.

"그 사람은 시장의 사위예요. 시의회가 지금 은행 조례를 통과시키려고 하고 있지요."라고 톰이 말했다.

18 The President t for a few s and a .

사장은 잠시 생각을 했고 동의를 했다.

Pocket Full of Rocks

돌로 가득 찬 주머니

starting time	y m d :
finishing time	y m d :

Step 1
MP3 38-01

Listen
잘 듣고 다음 이야기의 내용을 얼마나 이해할 수 있는지 확인해 보세요.

Step 2
MP3 38-02

Listen & Repeat
오디오를 들으면서 큰 소리로 따라 말해 보세요.
듣고 따라 말할 때는 의미를 생각하면서 말하려고 노력하세요.

스크립트 보면서 듣고 따라 말하기
1☐ 2☐ 3☐ 4☐ 5☐ 6☐ 7☐ 8☐

스크립트 안 보고 듣고 따라 말하기
1☐ 2☐ 3☐ 4☐ 5☐ 6☐ 7☐ 8☐

/ 끊어 읽기 **볼드** 강세를 두어 읽는 부분 ◡ 연음

1 A **man** was **walking** down a **dark road** / **late** at **night**.
한 남자가 캄캄한 길을 걷고 있었다 / 밤늦게

2 **He** was **tired** / and **felt** like / he was in the **middle** of **nowhere**.
그는 피곤했다 / 그리고 ~같은 느낌이 들었다 / 자신이 어딘지도 모르는 곳에 있는

3 **Suddenly**, / he **heard** a **voice** / from **above**.
갑자기 / 그는 음성을 들었다 / 위로부터

4 It **said**, / “**Pick up** some **rocks** / from the **road**.”
그 소리는 말했다 “돌을 좀 주워라 길에서”

5 “**Then**, / **tomorrow morning**, / you’ll **have** a **moment** of **joy**
“그러면 내일 아침에 너는 기쁨의 순간과 후회의 순간을 맛볼 것이다.”

and a **moment** of **regret**.”

6 At **first** / he **felt strange** / and **just ignored** the **voice**.
처음에 그는 이상하다고 느꼈다 그러나 그 음성을 그냥 무시했다

7 **But** / when he **heard** the **same voice** / the **third time**, / he
하지만 그가 똑같은 음성을 들었을 때 세 번째로 그는

couldn’t help but **do** / what it **said**.
하지 않을 수 없었다 음성이 말한 것을

8 He **picked up** some **rocks** / and **put** them **in** his **pocket**.
그는 돌을 몇 개 주웠다 그리고 그것들을 자신의 주머니 속에 넣었다

9 With the **extra weight** of the **rocks**, / he **kept walking** / until
추가로 돌 무게까지 더해서 그는 계속 걸었다 새벽녘까지

dawn.

10 **Finally**, / he **reached** a **small village** /
마침내 그는 작은 마을에 도착했다

in the **morning**.
아침에

11 He **went** to the **market area** /
그는 시장 쪽으로 갔다

because he was **so hungry**.
왜냐하면 그는 배가 너무 고팠기 때문이다

12 **But** / he **knew** / he **didn't** have **enough money** / for **any food**.
하지만 그는 알았다 자신이 충분한 돈이 없다는 것을 음식을 사먹을 만큼

13 He **touched** his **pocket** / **just** to **feel** the **rocks** / he had
그가 주머니를 만져보았다 돌만 느껴졌다 자신이 어젯밤에

picked up last night.
주웠던

14 He **got angry** / and **pulled** them **out** / to **throw** them **away**.
그는 화가 났다 그리고 돌을 꺼냈다 그것들을 버리려고

15 You **cannot imagine** / **how surprised** he was / when he **saw**
당신은 상상도 못할 것이다 그가 얼마나 놀랐는지 그가 금을 보았을 때

gold / instead of **rocks** / in his **hand**.
돌 대신 자신의 손에서

16 **He** was **filled** with **joy** / because **now** he was **rich** / but **also**
그는 기쁨으로 가득 찼다 그는 이제 부자였기 때문이다 하지만 또 후회도

regretted / that he **didn't pick** up **more gold** / last night.
했다 금을 더 많이 주워오지 못한 것을 어젯밤에

17 **Do you know** / **what** people **call** this **rock**?
당신은 아는가? 사람들이 이 돌을 뭐라 부르는지

18 They **call** it "**education**."
사람들은 그것을 "교육"이라 부른다

Words & Expressions

in the middle of nowhere 인적이 드문 외진 곳에, 어딘지 모를 곳에 | moment 순간 | joy 기쁨 | regret 후회; 후회하다 | ignore 무시하다 | cannot help but ~할 수밖에 없다 | throw away 던져버리다 | imagine 상상하다 | instead of ~대신에 | education 교육

Shadow speak

낭독 훈련을 충분히 하여 문장이 어느 정도 입에 붙었다면, 이번에는 스크립트 없이 오디오를 들으면서 한 박자 천천히 섀도우스피킹(그림자 따라 말하기)을 해 보세요.

섀도우스피킹을 할 때에는 따라 말하면서 오디오에서 나오는 소리를 동시에 들어야 합니다.

MP3 38-01

1 ☐ 2 ☐ 3 ☐ 4 ☐ 5 ☐ 6 ☐ 7 ☐ 8 ☐

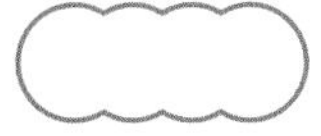

Questions & Answers

스토리에 나온 문장을 활용하여 질문에 답해 보세요.

1 **What** did the voice say would happen if the man picked up some rocks?

▸ It said, "Then, tomorrow morning,

2 **Where** did the man go in the village and **why**?

▸

3 **Why** was the man filled with joy?

▸

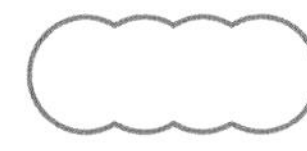

Summarize

앞서 낭독 훈련한 스토리의 중심 생각을 담아 요약해서 말해 보세요.

MP3 38-03

Education is like rocks along the road on a dark night.
People don't understand the true value when they're getting it.
But later in life they realize how important it is.
So when you learn something, always give your best effort.

Storytelling

앞서 낭독 훈련한 스토리를 기억하여 실제로 스토리텔링할 수 있는지 빈칸에 알맞은 말을 넣어 스토리텔링해 보세요. 기억이 잘 안 난다면 우리말 해석을 보고 빈칸을 채워서 말해 보세요.

1	A man was w ____ down a dark road late at n ____ .	한 남자가 밤늦게 캄캄한 길을 걷고 있었다.
2	He was t ____ and felt l ____ he was in the middle of n ____ .	그는 피곤했고 자신이 어딘지도 모르는 곳에 있는 것 같은 느낌이 들었다.
3	S ____ , he heard a v ____ from a ____ .	갑자기 그는 위로부터 음성을 들었다.
4	It said, "P ____ up some r ____ from the r ____ ."	그 소리는 "길에서 돌을 좀 주워라."라고 말했다.
5	"Then, tomorrow m ____ , you'll have a m ____ of j ____ and a moment of r ____ ."	"그러면 너는 내일 아침에 기쁨의 순간과 후회의 순간을 맛볼 것이다."
6	At f ____ he felt s ____ and just i ____ the voice.	처음에 그는 이상하다고 느꼈지만 그 음성을 그냥 무시했다.
7	B ____ when he heard the s ____ voice the t ____ time, he c ____ help but d ____ what it s ____ .	하지만 그가 똑같은 음성을 세 번째로 들었을 때 그는 음성이 말한 것을 하지 않을 수 없었다.
8	He p ____ up some r ____ and p ____ them in his p ____ .	그는 돌을 몇 개 주워서 그것들을 자신의 주머니 속에 넣었다.
9	With the e ____ w ____ of the rocks, he k ____ walking until d ____ .	추가로 돌 무게까지 더해서 그는 새벽녘까지 계속 걸었다.

10 F , he r a small v in the morning.

마침내 아침에 그는 작은 마을에 도착했다.

11 He went to the m area b he was so h .

그는 배가 너무 고팠기 때문에 시장 쪽으로 갔다.

12 But he knew he d have enough m for any f .

하지만 그는 자신이 음식을 사먹을 만큼 충분한 돈이 없다는 것을 알았다.

13 He t his pocket just to f the r he had picked up l night.

그가 주머니를 만져보니 자신이 어젯밤에 주웠던 돌만 느껴졌다.

14 He got a and p them out to t them away.

그는 화가 나서 돌을 버리려고 꺼냈다.

15 You cannot i how s he was when he saw g instead of rocks in his h .

자신의 손에서 돌 대신 금을 보았을 때 그가 얼마나 놀랐는지 당신은 상상도 못할 것이다.

16 He was f with joy because now he was r but also r that he didn’t pick up more g last night.

그는 이제 부자였기 때문에 그는 기쁨으로 가득 찼지만 또 어젯밤에 금을 더 많이 주워오지 못한 것을 후회도 했다.

17 Do you k what people c this r ?

사람들이 이 돌을 뭐라 부르는지 당신은 아는가?

18 They call it “e .”

사람들은 그것을 “교육”이라 부른다.

Don't Be Afraid to Make a Decision

결정하는 걸 두려워하지 마라

starting time	y m d :
finishing time	y m d :

MP3 39-01

Listen

잘 듣고 다음 이야기의 내용을 얼마나 이해할 수 있는지 확인해 보세요.

Step 2

MP3 39-02

Listen & Repeat

오디오를 들으면서 큰 소리로 따라 말해 보세요.

듣고 따라 말할 때는 의미를 생각하면서 말하려고 노력하세요.

스크립트 보면서 듣고 따라 말하기

1 ☐ 2 ☐ 3 ☐ 4 ☐ 5 ☐ 6 ☐ 7 ☐ 8 ☐

스크립트 안 보고 듣고 따라 말하기

1 ☐ 2 ☐ 3 ☐ 4 ☐ 5 ☐ 6 ☐ 7 ☐ 8 ☐

/ 끊어 읽기　　**볼드** 강세를 두어 읽는 부분　　◡ 연음

1 A **young** and **new employee, David,** / was **having** a **hard time.**

젊은 신입직원 데이비드가　어려움을 겪고 있었다

2 **He** was **afraid** / to **make decisions.**

데이비드는 두려워했다　결정하는 걸

3 He **always feared** / that his **decisions** might be **wrong.**

그는 항상 걱정을 했다　자신의 결정이 잘못되지나 않을까

4 **David** kept **asking others what** to **do**, / which **started** to **bother** them.

데이비드는 뭘 해야 될지 다른 사람들에게 계속 물어댔다 그게 다른 사람들을 귀찮게 하기 시작했다

5 **One day**, / a **senior staff member stopped** by his **desk** / and **told** this **story**.

하루는 나이가 많은 직원이 그의 자리에 들렀다 그리고 이런 이야기를 해주었다

6 "**David**, / do you **know** / **all decisions** that you **make** / can be **considered good**?"

"데이비드, 자네는 아는가? 자네가 내리는 모든 결정이 좋다고 여겨질 수 있다는 걸"

7 **David** was **surprised** / and **asked**, / "**Even bad ones**?"

데이비드는 놀랐다 그리고 물었다 "심지어 나쁜 결정들도요?"라고

8 "**Sure**, / **let** me **tell** you a **story**."

"그렇다마다 내가 자네에게 얘기를 하나 해줌세."

9 A **highly successful businessman** / was **asked** about the **secret** of his **success**.

엄청나게 성공을 거둔 사업가가 자신의 성공 비결에 관해 질문을 받았지

10 "**Simply two words**," / he **answered**.

"간단하게 두 단어지요."라고 사업가는 대답했어

11 **People** around him **wondered**, / "**What** are those **two words**?"

그의 주위 사람들이 궁금해 했다네 "그 두 단어가 뭐죠?"라고

12 He **replied,** / “**Good decisions.**”
그가 대답했어 “좋은 결정들이죠.”라고

13 **Then** they **asked** / “And **how** do you **make good decisions**?”
그러자 사람들이 물었어 “그럼 당신은 좋은 결정을 어떻게 내리나요?”라고

14 “**Simple** again, / **one word.**”
“그것도 간단하죠, 한 단어예요.”

15 “**What**’s that **one word**?”
“그 한 단어가 뭔가요?”

16 “**Experience,**” / the **businessman responded.**
“경험이죠” 그 사업가는 대답했어

17 “**How** do you **get experience**?”
“당신은 경험을 어떻게 얻는지요?”

18 “**Easy.** / Also **two words.**”
“쉽습니다 역시 두 단어죠.”

19 **People questioned,** / “**What** are those **two words**?”
사람들이 질문을 했어 “그 두 단어가 뭔가요?”라고

20 “**Bad decisions.**”
“나쁜 결정들입니다.”

Words & Expressions

employee 직원 | have a hard time 힘든 시간을 보내다, 어려움을 겪다 | be afraid to ~하기 두려워하다 | make a decision 결정을 내리다 | bother 방해하다, 귀찮게 하다 | consider 고려하다, 여기다 | secret 비밀, 비결 | wonder 궁금해 하다 | respond 응답하다

Step 3

MP3 39-01

Shadow speak

낭독 훈련을 충분히 하여 문장이 어느 정도 입에 붙었다면, 이번에는 스크립트 없이 오디오를 들으면서 한 박자 천천히 섀도우스피킹(그림자 따라 말하기)을 해 보세요.

섀도우스피킹을 할 때에는 따라 말하면서 오디오에서 나오는 소리를 동시에 들어야 합니다.

1 ☐ 2 ☐ 3 ☐ 4 ☐ 5 ☐ 6 ☐ 7 ☐ 8 ☐

Questions & Answers

스토리에 나온 문장을 활용하여 질문에 답해 보세요.

1 **What** problem did the young employee have?

▸ He was

2 **Why** did a senior staff member stop by David's desk?

▸ David kept

3 **How** do you get experience?

▸ You need to make

MP3 39-03

Summarize

앞서 낭독 훈련한 스토리의 중심 생각을 담아 요약해서 말해 보세요.

Good decisions are the secret to success.
You will know how to make good decisions by gaining experience.
Experience is gained by making bad decisions.
Don't forget that success is a learning process.

Storytelling

앞서 낭독 훈련한 스토리를 기억하여 실제로 스토리텔링할 수 있는지 빈칸에 알맞은 말을 넣어 스토리텔링해 보세요. 기억이 잘 안 난다면 우리말 해석을 보고 빈칸을 채워서 말해 보세요.

1 A young and new e______, David, was having a h______ time.	젊은 신입직원 데이비드가 어려움을 겪고 있었다.
2 He was a______ to make d______.	데이비드는 결정하는 걸 두려워했다.
3 He always f______ that his decisions might be w______.	자신의 결정이 잘못되지나 않을까 그는 항상 걱정을 했다.
4 David kept a______ others what to do, which started to b______ them.	데이비드는 뭘 해야 될지 다른 사람들에게 계속 물어댔고 그게 다른 사람들을 귀찮게 하기 시작했다.
5 One day a s______ staff member s______ by his desk and t______ this story.	하루는 나이가 많은 직원이 그의 자리에 들러 이런 이야기를 해주었다.
6 "David, do you know all d______ that you m______ can be considered g______?"	"데이비드, 자네가 내리는 모든 결정이 좋다고 여겨질 수 있다는 걸 자네는 아는가?"
7 David was s______ and asked, "E______ bad ones?"	데이비드는 놀라서 "심지어 나쁜 결정들도요?"라고 물었다.
8 "Sure, l______ me tell you a story."	"그렇다마다. 내가 자네에게 얘기를 하나 해줌세."

9 A highly s______ b______ was asked about the s______ of his success.

엄청나게 성공을 거둔 사업가가 자신의 성공 비결에 관해 질문을 받았지.

10 "Simply t______ words," he answered.

"간단하게 두 단어지요."라고 사업가는 대답했어.

11 People around him w______, "What are those two w______?"

그의 주위 사람들이 "그 두 단어가 뭐죠?"라고 궁금해 했다네.

12 He r______, "Good decisions."

그가 "좋은 결정들이죠."라고 대답했어.

13 Then they a______ "And h______ do you make good decisions?"

그러자 사람들이 "그럼 당신은 좋은 결정을 어떻게 내리나요?"라고 물었어.

14 "S______ again, one word."

"그것도 간단하죠. 한 단어예요."

15 "What's that o______ word?"

"그 한 단어가 뭔가요?"

16 "E______," the businessman r______.

"경험이죠."라고 그 사업가는 대답했어.

17 "How do you get e______?"

"당신은 경험을 어떻게 얻는지요?"

18 "E______. Also two w______."

"쉽습니다. 역시 두 단어죠."

19 People q______, "What are t______ two words?"

사람들이 "그 두 단어가 뭔가요?"라고 질문을 했어.

20 "B______ decisions."

"나쁜 결정들입니다."

The Difference
차이

starting time	y m d :
finishing time	y m d :

MP3 **40-01**

Listen
잘 듣고 다음 이야기의 내용을 얼마나 이해할 수 있는지 확인해 보세요.

Step 2

MP3 **40-02**

Listen & Repeat
오디오를 들으면서 큰 소리로 따라 말해 보세요.
듣고 따라 말할 때는 의미를 생각하면서 말하려고 노력하세요.

스크립트 보면서 듣고 따라 말하기
1 ☐ **2** ☐ **3** ☐ **4** ☐ **5** ☐ **6** ☐ **7** ☐ **8** ☐

스크립트 안 보고 듣고 따라 말하기
1 ☐ **2** ☐ **3** ☐ **4** ☐ **5** ☐ **6** ☐ **7** ☐ **8** ☐

/ 끊어 읽기　　**볼드** 강세를 두어 읽는 부분　　◡ 연음

1 **One employee complained** / to the **restaurant manager**.
한 직원이 불평을 했다 / 레스토랑 매니저에게

2 "**Why** did **Kevin** get **promoted** / to **assistant manager**?"
"왜 케빈이 승진을 했죠? / 부 매니저로"

3 "He's **only** been **here a year** / but I've been **here five years**."
"케빈은 여기 있은 지 1년밖에 안 됐어요 / 하지만 저는 여기 5년이나 있었는데요."

4 The **manager said** to **him**, / "**Go** to **Gina's Bakery** / and **ask**
매니저는 그에게 말했다 "지나 베이커리에 가세요 그리고 팔 수

if they **have bread** for **sale**. / We are **running out** of **stock**."
있는 빵이 있는지 물어보세요. 우리에게 재고가 다 떨어져가고 있어요."라고

5 He **soon returned**, / "**Yes**, / they have **10 loaves** of **bread**."
그는 곧 돌아왔다 "네, 그들에게 빵 10덩어리가 있다고 하는데요."

6 The **manager ordered**, / "**Good**. / Then **ask** the **price**."
매니저가 지시했다 "좋아요. 그럼 가격 좀 물어보세요."라고

7 The **employee came** back, / "**Each loaf** costs **$3**."
그 직원은 돌아왔다 "한 덩어리에 3달러라고 합니다."

8 **Now** / the **manager said**, / "Okay, / **ask** if they can **deliver** /
이제 매니저는 말했다 "그럼 그들에게 배달을 해줄 수 있는지 물어봐주세요

tomorrow morning."
내일 아침에"라고

9 **Again** he **returned**, / "**Yes**, / they can **deliver** the **bread** /
그가 다시 돌아왔다 "네, 그들은 배달을 해줄 수 있답니다

tomorrow."
내일"

10 The **manager** then **called Kevin**.
그러자 매니저는 케빈을 불렀다

11 "**Kevin**, / **go** to **Daisy's Bakery** /
"케빈 데이지 베이커리에 가세요

and **see** if **they** have **bread**
그리고 그들에게 팔 수 있는 빵이 있는지 알아보세요.

for **sale**. / **We** are **running** out of **stock**.
우리에게 재고가 다 떨어져 가고 있어요."

12 **Kevin returned** / in **no time**.
케빈은 돌아왔다 곧

13 He **said**, / "**Yes**, /they have **8 loaves** for **$3 each**, / or **12 loaves** for **$2.75 each**."
그가 말했다 "네, 그들은 하나에 3달러짜리 빵 8덩어리가 있어요 또는 하나에 2.75달러짜리 빵 12덩어리"라고

14 "They can **deliver** them **tomorrow** / so I **asked** them to **give** us **8 loaves**."
그들이 빵을 내일 배달할 수 있대요 그래서 제가 그들에게 8덩어리를 달라고 요청했습니다."

15 The **manager turned** to the **other employee**.
매니저는 다른 직원을 돌아다봤다.

16 He **looked** at the **manager** / and **nodded** his **head**.
그 직원은 매니저를 보았다 그리고 고개를 끄덕였다

17 He **now realized** / **why** the **younger employee** was the **assistant manager**.
그는 이제 깨달았다 왜 더 나이 어린 직원이 부 매니저가 됐는지

Words & Expressions

complain 불평하다 | get promoted 승진하다 | assistant (직함 앞에 쓰여) 부(副) | run out of (다 써서) 떨어져 가다 | stock 재고 | loaf 빵 덩어리 | cost ~의 비용이 들다 | deliver 배달하다 | in no time 곧바로 | nod (고개를) 끄덕이다 | realize 깨닫다

Step 3

MP3 40-01

Shadow speak
낭독 훈련을 충분히 하여 문장이 어느 정도 입에 붙었다면, 이번에는 스크립트 없이 오디오를 들으면서 한 박자 천천히 섀도우스피킹(그림자 따라 말하기)을 해 보세요.

섀도우스피킹을 할 때에는 따라 말하면서 오디오에서 나오는 소리를 동시에 들어야 합니다.

1☐ 2☐ 3☐ 4☐ 5☐ 6☐ 7☐ 8☐

Questions & Answers
스토리에 나온 문장을 활용하여 질문에 답해 보세요.

1 **How much** did each loaf cost at Gina's Bakery?

▸

2 **Where** did the manager ask Kevin to go and **what** did he ask him to do?

▸ He asked him to

3 After hearing Kevin's report, **what** was the other employee's reaction?

▸ He looked at

MP3 40-03

Summarize
앞서 낭독 훈련한 스토리의 중심 생각을 담아 요약해서 말해 보세요.

There is a difference between a good employee and a successful employee.
Good employees do what they are told and follow orders.
But successful employees think beyond what they are told and take initiative.
Make yourself different by doing more than what is expected of you.

Storytelling

앞서 낭독 훈련한 스토리를 기억하여 실제로 스토리텔링할 수 있는지 빈칸에 알맞은 말을 넣어 스토리텔링해 보세요. 기억이 잘 안 난다면 우리말 해석을 보고 빈칸을 채워서 말해 보세요.

1 One employee c______ to the restaurant m______.	한 직원이 레스토랑 매니저에게 불평을 했다.
2 "Why did Kevin get p______ to a______ m______?"	"왜 케빈이 부 매니저로 승진을 했죠?"
3 "He's only been here a y______ but I've been here f______ years."	"케빈은 여기 있은 지 1년밖에 안 됐지만 저는 여기 5년이나 있었는데요."
4 The m______ said to him, "Go to Gina's Bakery and a______ if they have b______ for sale. We are r______ out of s______."	매니저는 그에게 "지나 베이커리에 가서 팔 수 있는 빵이 있는지 물어보세요. 우리에게 재고가 다 떨어져가고 있어요."라고 말했다.
5 He soon r______, "Yes, they have 10 l______ of bread."	그는 곧 돌아와서 "네, 그들에게 빵 10덩어리가 있다고 하는데요."라고 말했다.
6 The manager o______, "Good. Then ask the p______."	매니저가 "좋아요. 그럼 가격 좀 물어보세요."라고 지시했다.
7 The e______ came back, "Each loaf c______ $3."	그 직원은 돌아와서 "한 덩어리에 3달러라고 합니다."라고 말했다.
8 Now the m______ said, "Okay, a______ if they can d______ tomorrow morning."	이제 매니저는 "그럼 그들에게 내일 아침에 배달을 해줄 수 있는지 물어봐주세요."라고 말했다.

9 Again he r , "Yes, they can d the bread t ."

그가 다시 돌아와서 "네, 그들은 내일 배달을 해줄 수 있답니다."라고 말했다.

10 The manager then c Kevin.

그러자 매니저는 케빈을 불렀다.

11 "Kevin, go to Daisy's B and see if they have b for s . We are running out of s .

"케빈, 데이지 베이커리에 가서 그들에게 팔 수 있는 빵이 있는지 알아보세요. 우리에게 재고가 다 떨어져 가고 있어요."라고 말했다.

12 Kevin r in no t .

케빈은 곧 돌아왔다.

13 He said, "Yes, they have 8 l for $3 e , or 12 l for $2.75 e .

그가 "네, 그들은 하나에 3달러짜리 빵 8덩어리 또는 하나에 2.75달러짜리 빵 12덩어리가 있어요."라고 말했다.

14 "They can d them t so I a them to g us 8 loaves."

"그들이 빵을 내일 배달할 수 있다고 해서 제가 그들에게 8덩어리를 달라고 요청했습니다."

15 The manager t to the other employee.

매니저는 다른 직원을 돌아다봤다.

16 He l at the manager and n his head.

그 직원은 매니저를 보고 고개를 끄덕였다.

17 He now r why the y employee was the a manager.

그는 왜 더 나이 어린 직원이 부매니저가 됐는지 이제 깨달았다.

Translations & Answers

Chapter 01 EPISODE

The Broken Window Theory 깨진 유리창 이론

Questions&Answers

1 Q 건물의 훼손은 무엇을 의미하는가?

A Damage to buildings means that people don't care much about their neighborhood.

2 Q 깨진 유리창 이론은 언제 개발되었나?

A The Broken Window Theory was developed in the 1980s.

3 Q 작은 문제가 있을 때는 어떻게 처리해야 하는가?

A When there is a small problem, it should be fixed right away.

Summarize

만약 창문 하나가 깨져서 수리되지 않은 채 있으면 주변의 더 많은 창문이 깨지게 될 가능성이 있고, 이는 범죄를 증가시킬 수 있다.
이것이 깨진 유리창 이론인데, 어떻게 작은 문제들이 더 큰 문제로 이어질 수 있는지를 보여준다.
따라서 작은 문제들조차도 즉시 다루어져야 한다.

Heinrich's Law 하인리히의 법칙

Questions&Answers

1 Q 허버트 하인리히는 누구였나?

A He was an industrial safety expert during the 1930s.

2 Q 당신은 어떻게 무사고 근로환경을 만들 수 있나?

A By preventing 300 small unsafe actions beforehand.

3 Q 하인리히 법칙을 요약하는 속담은 무엇인가?

A An ounce of prevention is worth a pound of cure.

Summarize

하인리히 법칙은 안전에 관한 것으로 300대 29대 1의 원칙에 기초를 두고 있다.
300개의 부주의한 행동마다 29건의 소형 사고가 있을 수 있고, 이것은 1건의 대형 사고로 이어질 수 있다.
우리는 작고 부주의한 행동이 대형 사고를 야기하기 전에 방지할 수 있도록 노력해야 한다.

The Halo Effect 후광 효과

1 Q 우리는 매력적인 사람들을 볼 때 어떤 기분이 드는가?

A We usually have a good impression of them.

2 Q 왜 우리는 매력적인 사람들에 관해 더 긍정적인 생각을 하게 되는가?

A Because they're believed to have better personalities, higher intelligence and status.

3 Q 후광효과를 피하려면 우리는 무엇을 해야 하는가?

A Remember to judge others based on character and personality.

Summarize

후광 효과는 외모가 매력적인 사람들에게 우리가 긍정적인 특성을 부여하는 현상을 설명한다.
어떤 사람이 잘 생겼으면 우리는 아마도 그 사람이 성격도 좋고 더 높은 지능을 가졌을 거라 생각하게 된다.
하지만 외모보다 성품에 기초해서 사람을 판단하는 것이 낫다.

Pareto Principle(80/20 Rule) 파레토 원칙(80대 20의 법칙)

Questions&Answers

1 Q 파레토 원칙을 어떻게 요약할 수 있을까?

A This rule says about 80% of effects come from 20% of causes.

2 Q 불만의 80퍼센트 정도는 어디에서 오는가?

A They are from 20% of customers.

3 Q 80/20 법칙의 도움으로 당신은 무엇을 알게 될까?

A You will know where to focus your attention for the best results.

Summarize

파레토 원칙은 80대 20의 법칙으로도 알려져 있다.
이 원칙은 어떻게 80%의 결과가 20%의 원인에서 기인하는지 설명해준다.
당신이 사업체를 운영하고 있다면 아마도 수익의 80%는 20%의 고객에게서 나올 것임을 기억하라.

The Pygmalion Effect 피그말리온 효과

Questions&Answers

1 Q 피그말리온 효과를 한 문장으로 설명하면 어떻게 될까?

A The greater the expectation put on people, the better they perform.

2 Q 스타 타자는 왜 홈런을 칠 가능성이 있을까?

A Because everyone expects him to hit a home run.

3 Q 피그말리온 효과에서 우리가 배울 수 있는 교훈은 무엇인가?

A When you expect the best from people, you usually get the best.

Summarize

피그말리온 효과는 사람에게 더 큰 기대를 걸면 걸수록 더 나은 성과를 낸다는 것이다.
사람들을 과소평가하면서 다른 결과를 기대하지 마라.
당신이 주위 사람들에 대해 높은 기대치를 가진다면 당신은 그들의 최선을 얻을 것이다.

Boston Matrix 보스턴 매트릭스

Questions&Answers

1 Q 보스턴 매트릭스는 무엇인가?

A This is a marketing tool that shows how successful a product is in the marketplace.

2 Q 왜 대부분의 회사들은 도그들을 제거하는가?

A Because they usually just break even.

3 Q 당신이 이 보스턴 매트릭스가 필요할 때는 언제인가?

A When you have to make a decision about a product.

Summarize

보스턴 매트릭스는 제품 포트폴리오 평가 도구이다.
이 매트릭스는 제품을 캐시 카우, 도그, 의문부호, 또는 스타로 분류한다.
캐시 카우가 높은 시장 점유율을, 그리고 스타는 가능성을 갖는 반면, 도그와 의문부호는 낮은 시장점유율을 갖는다.
당신은 캐시 카우나 스타 제품이 최대 수익을 가져다주므로 당신의 제품이 캐시 카우 또는 스타가 되길 원한다.

Ockham's Razor 오컴의 면도날

Questions&Answers

1 Q 윌리엄 오컴은 누구였나?
A He was an English philosopher and theologian.

2 Q 왜 우리는 그것을 오컴의 "면도날"이라고 부르는가?
A Since you cut away what you don't need.

3 Q 여기에서 약어 KISS가 나타내는 것은 무엇인가?
A It stands for 'Keep It Short and Simple'.

Summarize

오컴의 면도날은 가장 단순한 방식을 선택해야 한다는 개념이다.
우리는 불필요한 가정들로 일을 복잡하게 만드는 경향이 있다.
모든 사람들에게 용이하도록 사업의 여러 측면들을 단순하게 만들도록 노력하라.

The 3-2-1 Rule 3-2-1의 법칙

Questions&Answers

1 Q '이 법칙을 따르는 것'은 무엇을 의미하는가?
A You have to listen for 3 minutes, agree for 2 minutes, and talk for 1 minute.

2 Q 사람들이 원하는 것을 당신이 어떻게 판단할 수 있나?
A By listening for 3 minutes.

3 Q 당신이 3-2-1법칙을 시도해보기를 권하는 곳은 어디인가?
A In a challenging negotiation.

Summarize

3-2-1 법칙은 효과적인 의사소통법이다.
숫자의 의미는 3분 동안 경청하고, 2분 동안 공감하고, 1분 동안 얘기하라는 것이다.
다음번 회의나 협상에서 다른 사람과 대화할 때 이 법칙을 활용해보라.

Murphy's Law and Sally's Law 머피의 법칙, 샐리의 법칙

Questions&Answers

1 Q 머피의 법칙이 보통 일어나는 때는 언제인가?
A Usually at the worst possible time.

2 Q 샐리의 법칙을 한 문장으로 설명한다면 어떻게 할 수 있을까?
A It's where you may experience a problem but to your advantage.

3 Q 기억해야 할 중요한 점은 무엇인가?
A It is to be positive in any situation.

Summarize

머피의 법칙은 잘못될 수 있는 것들이 실제로 잘못되어 버리는 것이다.
하지만 또한 샐리의 법칙도 있는데 뭔가 잘못된 게 사실은 더 잘된 게 되는 걸 말한다.
이런 법칙들에도 불구하고 좋은 것이든 나쁜 것이든 닥칠 때 그걸 수용하고 어떤 상황에도 긍정적 태도를 갖는 것이 중요하다.

McNamara Fallacy 맥나마라 오류

Questions&Answers

1 Q 맥나마라는 누구였나?
A He was the former U.S. Defense Secretary.

2 Q 맥나마라 오류는 무엇에 관한 것인가?
A It's about leaders' tendency to ignore what's hard to measure.

3 Q 직원 업무 만족에 관해 우리는 어떻게 해야 하는가?
A It might be hard to measure, but you must find a way to factor it in.

Summarize

맥나마라 오류는 리더들이 감정과 같이 측정하기 어려운 것을 무시하는 경향을 말한다.
그들은 심지어 측정하기 어려운 것은 중요하지 않다고까지 생각해서 많은 문제로 이어지게 된다.
숫자나 사실이 아니더라도 모든 건 어떤 방식으로든 측정될 수 있음을 기억하라.

Dodo Bird Extinction 도도새의 멸종

Questions&Answers

1 Q 도도새는 예전에 어디에서 살았나?

A It used to live on the island of Mauritius.

2 Q 도도새들이 사라지기까지 얼마의 시간이 걸렸나?

A They disappeared in less than a hundred years.

3 Q 우리는 주변의 변화를 무시하는 사람들을 어떻게 묘사하나?

A They're described as dodo birds.

Summarize

도도새는 수백 년 전 날개를 쓸 필요가 없을 정도로 평화로운 섬에 살았다.
어느날 섬이 사람들에 의해 발견되자 그들은 도망쳐 날아갈 수도 없어서 쉽게 사냥당하고 말았다.
당신이 당신의 능력을 활용하지 않고 변화에 재빠르게 적응하지 않으면 당신은 도도새들처럼 곧 멸종될지도 모른다.

Barnum Effect 바넘 효과

Questions&Answers

1 Q 우리는 점쟁이들에게서 듣는 일반적인 말들에 관해 어떻게 생각하는가?

A We think they are accurate and detailed descriptions of ourselves.

2 Q 바넘 효과란 명칭은 어디에서 오는가?

A It comes from the famous circus businessman P.T. Barnum from the 19th century.

3 Q 이런 종류의 일반적인 말들은 비즈니스 세계에서 당신을 어떻게 도울 수 있을까?

A They can help you connect with others more easily.

Summarize

바넘 효과는 우리가 점쟁이의 얘기나 별자리 운세를 기꺼이 믿어버리는 것을 말한다.

일반적인 얘기를 듣고서 그게 우리에 관한 특별한 것으로 오해를 한다.

그러나 사람들과 더 쉽게 관계맺기 위해 그들에 관해 일반적으로 좋은 말들을 해줌으로써 이 효과를 긍정적으로 활용할 수 있다.

Black Swan Effect 블랙 스완 효과

Questions&Answers

1 Q 블랙 스완은 언제 어디에서 발견되었나?

A In the 18th century, a black swan was discovered in Australia.

2 Q 이런 개념은 우리 일상생활에 어떤 영향을 미칠 수 있을까?

A It can affect our daily lives in both a negative and positive way.

3 Q 왜 우리는 쉽게 포기해서는 안되는가?

A Because there is always 'that one-percent chance' for success.

Summarize

블랙 스완 효과는 불가능해보지만 그럼에도 불구하고 발생하는 어떤 상황이나 사건을 말한다.

가장 일어나지 않을 것 같은 상황이 일어날 수 있는 1%의 가능성이 존재한다.

따라서 우리는 그걸 준비할 필요가 있고, 아니면 최소한 그 가능성을 계산에 넣어둬야 한다. 왜냐하면 이제 우리는 검은 백조가 존재한다는 걸 알기 때문이다.

Straw Man Argument 허수아비 논법

Questions&Answers

1 Q 허수아비 논법은 왜 "허수아비"라 불리는가?

A Because it is easy to destroy.

2 Q 이런 유형의 논쟁은 어떻게 작동하는가?

A It misrepresents or oversimplifies the other side's argument.

3 Q 당신이 회의에서 허수아비 논쟁에 부딪힐 때 당신은 자신 있게 뭐라고 할 수 있을까?

A "Please don't misrepresent what I said."

Summarize

허수아비 논법은 상대방의 주장을 왜곡시키거나 지나치게 단순화시켜버린다.
이런 식으로 진짜 논점이 바뀌었으므로 공격하기가 더 쉽게 된다.
다음번에 논쟁이나 토론에서 이런 허수아비 논법을 조심하기 바란다.

Conspiracy Theories 음모 이론

Questions&Answers

1 Q TV 드라마 '엑스파일'에 나오는 유명한 인용구는 무엇이었나?
A It was "I Want to Believe."

2 Q 우리는 음모 이론을 어떻게 한 문장으로 설명할 수 있을까?
A It is the idea that the official story of an event is not true.

3 Q 어떤 사람들은 누가 9/11 테러를 계획했다고 의심했나?
A They suspected the U.S. government planned it.

Summarize

음모 이론이란 어떤 사건의 공식적인 스토리가 사실이 아니라는 생각이다.
예를 들어, 많은 사람들이 케네디 대통령의 암살이나 9/11 테러에 대한 공식적인 해명을 믿지 않는다.
그런 생각이 흥미롭긴 하지만 대부분의 음모 이론은 결코 사실로 증명되지 않는다.

Balloon Effect 풍선 효과

Questions&Answers

1 Q 당신이 물 풍선의 한쪽을 쥐어짜면 무슨 일이 발생하나?
A It inflates in another area of less resistance.

2 Q '풍선효과'란 명칭은 어떻게 유래했나?
A Like a water balloon, the same phenomenon occurs in many areas of our society.

3 Q 모든 행동에는 무엇이 따라올 수 있는가?
A Every action could be followed by unintended consequences.

Summarize

풍선 효과는 어떻게 한 곳의 문제 해결이 그 문제를 단순히 다른 곳으로 옮긴 셈이 되는지 설명해준다.

마치 물 풍선의 한 곳을 누르면 다른 부분이 튀어나오는 것과 같다.
우리는 우리의 결정이나 행동으로 인한 의도하지 않은 결과에 대해 미리 생각해야 한다.

Devil's Advocate 선의의 비판자

Questions&Answers

1 Q 당신은 왜 논쟁에서 다른 입장을 취하려 하는가?

A You take the position just for the purpose of discussion.

2 Q 조사관들은 누구의 역할을 맡는가?

A They play the role of the devil or sceptic.

3 Q 우리가 "선의의 비판자 역할을 하라"고 말할 때 그 의미는 무엇인가?

A We use it to mean taking the opposite view for the sake of argument.

Summarize

악마의 변호인(선의의 비판자)이란 말은 가톨릭교회에서 유래한다.
이것은 성인 추대 후보자에 대해 가상적으로 악마의 역할을 하며 비판을 하는 사제를 말한다.
이제 이 말은 단지 토론할 목적으로 논쟁에서 반대 입장을 취하는 사람을 묘사한다.

Cappuccino 카푸치노

Questions&Answers

1 Q 지난 수십년 사이에 커피 문화에 무슨 일이 일어났나?

A Coffee culture has really become popular in the last few decades.

2 Q 카푸치노라는 이름은 어디에서 유래하나?

A It originates from the Italian word cappuccino which means 'hood.'

3 Q 모자 달린 예복의 색깔은 무슨 색이었나?

A The color was a red-brown.

Summarize

우리가 카푸치노라고 알고 있는 커피는 카푸친 종파의 수도승과 수녀에서 유래한다.
그들은 오늘날 카푸치노 커피의 색깔과 비슷한 붉은 갈색의 두건을 썼다.
20세기에 들어와서 카푸치노라는 말이 커피 음료를 묘사하는 데 쓰이고 있다.

Bluetooth 블루투스

Questions&Answers

1 Q 블루투스 기술은 무엇인가?

A It is wireless technology for exchanging data over short distances.

2 Q "블루투스"라는 말은 어디에서 유래하는가?

A It comes from the tenth-century King Herald Bluetooth.

3 Q 짐 카다크는 왜 블루투스를 자신의 기술명으로 쓰길 원했나?

A Because it unites the devices together just like King Bluetooth did the tribes.

Summarize

블루투스 기술은 10세기의 하랄 블루투스 왕에서 그 이름이 유래한다.
그는 여러 덴마크 종족들을 단일 왕국으로 통합한 것으로 유명하다.
이와 비슷하게 블루투스 기술은 전자 기기들을 통합한다.

Digital Undertaker (Reputation Manager) 디지털 장의사(평판 관리자)

Questions&Answers

1 Q 요즘 많은 새로운 디지털 개념들이 생기는 이유는 무엇인가?

A These days, as a result of technological developments, many new digital concepts have popped up.

2 Q 디지털 치매는 왜 일어나는가?

A Because people increasingly rely on technology instead of their brains.

3 Q 디지털 장의사들이 당신을 위해 해줄 일은 무엇인가?

A They will get rid of any bad information about you found on the Internet.

Summarize

만약 당신에 관한 좋지 않은 정보가 인터넷에 있다면 그때 디지털 장의사가 도움을 줄 수 있다.
이들은 평판 관리자라고도 불리는데, 인터넷에서 당신에 관한 부정적인 자료를 찾아 없애준다.
회사가 인터넷에서 홍보관련 문제가 있다면 그들도 이 새로운 21세기 서비스를 이용할 수 있을 것이다.

Chapter 02 EPISODE

Power of Asking 요청의 힘

Questions&Answers

1 Q 소년은 왜 그 회사에 전화를 했나?

A Because he needed some special parts to finish his project.

2 Q 소년은 특별한 부품 외에 무엇을 얻었나?

A The boy was also offered a summer job at the company.

3 Q 그 회사의 소유주는 누구였나?

A The man who owned the company was Bill Hewlett of Hewlett-Packard Company.

Summarize

인생에서 당신이 원하는 걸 얻는 가장 좋은 방법은 요청을 하는 것이다.
요청하는 걸 두려워하지 마라.
발생할 수 있는 최악의 상황은 상대방이 '안 되겠다'고 말할 수도 있다는 것이다.
하지만 얼마나 자주 사람들이 '예스'라고 말하는지 당신은 놀랄 것이다.

Changing Perspectives 시각을 바꾸는 법

Questions&Answers

1 Q 예술가는 항상 어떤 꿈을 꾸었나?

A He always dreamed of painting the perfect picture that everyone would like.

2 Q 예술가는 그림을 어디에 두었나?

A He placed it in the middle of the town with a sign.

3 Q 예술가는 푯말을 어떻게 바꾸었나?

A He changed the sign by omitting just one word.

Summarize

우리가 하는 말에 사람들이 어떻게 반응하는지 잘 이해할 필요가 있다.
표현의 작은 변화가 사람들에게 완전히 다른 시각을 줄 수 있다.
다른 사람들과 어떻게 의사소통할지에 대해 좀 더 많은 고심을 하라.

How You Succeed in Sales 세일즈에서 성공하는 법

Questions&Answers

1 Q 유명한 소설가가 되기 전 서머셋 몸은 어떤 사람이었나?

A He was just a struggling writer.

2 Q 책으로 더 많은 돈을 벌기 위한 저자의 아이디어는 무엇이었나?

A The idea was to run a 'want-ad' for a wife in the newspaper.

3 Q 저자의 소설이 베스트셀러가 되기까지 걸린 시간은 얼마인가?

A Within a couple of weeks, his novel became a bestseller.

Summarize

세일즈에 성공하고 싶다면 그냥 나가서 팔려고만 들어서는 안 된다.
대신에 어떻게 하면 사람들이 당신의 제품을 사고 싶게 할 수 있을까를 생각하라.
성공이나 실패는 당신이 그 문제에 어떻게 접근하느냐 하는 문제이다.

Mind Game 마인드 게임

Questions&Answers

1 Q 한 학생은 왜 갑자기 두려움에 휩싸였는가?

A Because he was so afraid that he would fail and just fall to the ground.

2 Q 처음에 선생님은 어떻게 그 학생의 두려움에 반응했는가?

A The teacher came and gently put his arm around the boy's shoulder.

3 Q 선생님은 소년이 절대 잊지 못할 어떤 말을 했는가?

A Throw your heart over the bar, then your body will follow.

Summarize

가끔 우리는 우리 자신에 대해 확신이 없을 때가 있다.
갑자기 자신감을 잃을 수도 있다.
하지만 우리가 뭔가 새로운 걸 시도할 때 우리는 자신을 믿어야만 한다.
믿는 자에게는 능히 못할 일이 없다.

The Right Successor 올바른 후계자

Questions&Answers

1 Q 최고경영자는 씨앗으로 무엇을 하라고 지시했나?

A "Care for it and come back three months later with what you have grown."

2 Q 프랭크는 왜 걱정스러워졌나?

A Because after a few weeks and even months, nothing grew.

3 Q 그 씨앗들은 무슨 일이 벌어지게 되어 있었나?

A Those seeds were boiled and weren't meant to grow.

Summarize

정직은 최선의 방책이다.
그것은 우리 인생에서 항상 지켜야 할 가장 기본적인 규칙이다.
정직한 사람들에겐 복이 찾아온다.

Customer Service of a 10 Year-old Boy 열 살짜리 소년의 고객 서비스

Questions&Answers

1 Q 소년은 노부인의 개에게 무엇을 가르쳐 줄 수 있나?

A He can teach her dog many tricks.

2 Q 부인은 통화를 어떻게 끝냈나?

A She said, "Thank you for asking but I don't need anyone else."

3 Q 소년은 왜 부인에게 전화를 했나?

A Because he wanted to find out if he was doing enough for her.

Summarize

더 할 수 있는 게 없는지 항상 찾아보라.
고객의 소리는 훌륭한 서비스의 핵심이다.

조그만 노력을 더 보태면 진실로 고객을 행복하게 해줄 수 있다.
만족을 느끼는 고객은 다른 곳을 쳐다보지 않는다.

What Is Leadership? 리더십이란?

Questions&Answers

1 *Q* 이 이야기는 언제 어디에서 일어난 일인가?

A It happened over 200 years ago on a battlefield.

2 *Q* 소대장은 왜 부하들을 돕지 않았나?

A He said, "I'm in charge. The men do as I tell them."

3 *Q* 낯선 사람은 누구였나?

A It was General George Washington, later the first President of the United States of America.

Summarize

무엇이 훌륭한 지도자를 만들까?
훌륭한 지도자들은 사람들에게 무엇을 하라고 말만 하지 않는다.
그들은 사람들과 함께 일을 한다.
훌륭한 지도자가 되고 싶은가?
그렇다면 솔선수범하라.

Creative Mind 창의적 마인드

Questions&Answers

1 *Q* 그 시는 누구에게 고철을 무료로 제공했나?

A The city offered the metal for free to anyone willing to take it.

2 *Q* 노인은 고철을 녹인 뒤 무엇을 했나?

A He began to make miniatures of the Statue of Liberty and key chains.

3 *Q* 노인은 축소모형들을 어떻게 광고했나?

A He advertised that they were made of the actual metal of the Statue of Liberty.

Summarize

어떤 사람에게는 쓰레기지만 다른 사람에게는 보물이 된다.

창의적 마인드를 가진 사람은 다른 사람들이 볼 수 없는 부를 볼 수 있다.
기회는 도처에 있으며, 그 기회를 찾아내야 하는 건 당신이다.

Who Should You Save? 누구를 구해야 할까?

Questions&Answers

1 Q 두 번째 과학자는 무엇을 할 수 있나?
A The second scientist can increase food harvest by ten fold.

2 Q 왜 한 명의 과학자가 열기구에서 퇴출되어야 하는가?
A Because suddenly the balloon starts to fall from the sky.

3 Q 이 질문에 최상의 답을 준 사람은 누구인가?
A The best answer for this question came from a ten-year old boy.

Summarize

종종 우리는 어떤 문제에 대해 지나치게 생각을 많이 한다.
그러다 문제를 원래보다 더 복잡하게 만들어 버리곤 한다.
하지만 해답은 바로 코앞에 있는지도 모른다.
가장 단순하고 가장 실용적인 해법이 보통 최선이다.

The Carrot and the Egg 당근과 계란

Questions&Answers

1 Q 딸의 얘기를 듣고 어머니가 처음으로 보인 반응은 무엇이었나?
A After listening her mother sat for a while.

2 Q 물이 끓었을 때 어머니는 무엇을 했나?
A She placed a carrot and an egg in each pot.

3 Q 달걀은 어떻게 변했나?
A For the egg, its soft inside turned hard.

Summarize

일이란 종종 잘못된 방향으로 흐른다.
최선을 다해보지만 상황은 그렇게 좋아 보이지 않는다.
그러나 그때가 바로 우리의 내적 강인함을 발휘할 때다.
시련에도 죽지만 않으면 당신은 그 시련으로 더욱 강해진다.

Soul Food 소울 푸드

Questions&Answers

1 Q 요리사는 요리수업을 가르치기 시작했을 때 어떤 기분이었나?

A At first, he was reluctant but began to enjoy teaching kids how to cook.

2 Q 소년은 왜 2달러를 모아 아버지를 위한 토마토 수프를 요리했나?

A Because he wanted his father to become healthy again.

3 Q 요리사는 자신의 음식에 대해 무슨 생각을 했나?

A He wondered if his food had ever touched a person's soul.

Summarize

당신의 일은 그저 생계의 수단인가?
아니면 당신은 사람들의 영혼에 감동을 주려고 노력하는가?
우리는 남을 이롭게 하는 일을 해야 한다.
우리는 우리의 태도를 바꿈으로써 우리의 일을 의미있게 만들 수 있는 것이다.

Know the Facts First 사실 확인 먼저

Questions&Answers

1 Q 청년은 스치는 공기를 느끼기 위해 무엇을 하였나?

A He put his hand out of the window to feel the passing air.

2 Q 젊은 커플은 청년이 또 다시 크게 소리쳤을 때 어떤 기분이었나?

A The young couple became more and more embarrassed.

3 Q 청년은 왜 흥분으로 가득찼는가?

A Because that day he was finally able to see for the first time in his life.

Summarize

모든 사실을 알기 전까지는 예단을 하지 마라.
보이는 것, 들리는 것에만 의지해서 판단을 내리지 않도록 조심하라.
가정을 하기 전에 먼저 진실을 밝혀 내라.
그렇지 않으면 커다란 실수를 저지를지 모를 일이다.

Having Faith in Your Idea 아이디어에 대한 믿음

Questions&Answers

1 *Q* 학생의 계획의 기본 구상은 무엇이었나?

A The basic concept was an overnight delivery service in a computer information age.

2 *Q* 교수는 왜 학생에게 낮은 점수를 주었나?

A Because he thought it wouldn't work.

3 *Q* 나중에 그 회사는 어떻게 변했나?

A The company later grew to offer worldwide delivery services.

Summarize

새로운 아이디어들은 사람들이 터무니없다고 생각하는 이유로 종종 비난을 받는다.
하지만 그것이 가치있다는 걸 안다면 당신은 자신의 아이디어에 믿음을 가져야 한다.
당신은 아이디어가 현실이 될 때까지 끊임없이 노력해야 한다.
그래야만 사람들이 그것의 진정한 가치를 눈으로 확인할 수 있다.

Episode
34
p.217

Change Starts with One 변화는 한 걸음씩

Questions&Answers

1 *Q* 메리는 왜 성당을 찾아갔나?

A She was hoping for an answer to her wish.

2 *Q* 노수녀의 조언은 무엇이었나?

A The nun said, "Just help one person at a time."

3 *Q* 메리는 노수녀가 누구라고 알게 되었는가?

A Mary found out that the old nun was Mother Teresa.

Summarize

천릿길도 한 걸음부터이다.
그러니까 뭔가 영향을 주면서 세상을 변화시키고 싶은가?
그렇다면 나가서 당신이 확실히 바꿀 수 있는 한 가지를 찾아보라.
그 하나의 변화가 결국 수천의 변화로 이어질 것이다.

The Old Woman in the Rain 빗속의 노부인

Questions&Answers

1 *Q* 몇몇 백화점 점원들은 왜 노부인에게 짜증이 났는가?

A Because they knew she wan't going to buy anything.

2 *Q* 페리는 그 여성에게 무엇을 제공했나?

A Perry offered her a place to sit down while she waited.

3 *Q* 그 여성은 누구였나?

A The woman was Margaret Carnegie, the mother of steel billionaire Andrew Carnegie.

Summarize

작은 친절이 인생의 큰 변화로 이어질 수 있는 걸 볼 수 있다.
가끔은 작은 베풂이 커다란 보상으로 되돌아오기도 하는 것이다.
아무리 작은 것이라도 친절한 행동은 결코 낭비되지 않는다.

Real Business Means Caring 진정한 비즈니스는 배려

Questions&Answers

1 *Q* 신발회사는 왜 젊은 여성에게 이메일을 보냈나?

A Because they wanted to ask if the shoes fit well and if she liked them.

2 *Q* 회사는 젊은 여성에게 또 무엇을 보냈나?

A The company also sent her flowers and a card to express their condolences.

3 *Q* 나중에 자포스는 누가 어떤 조건으로 인수했나?

A Zappos was later acquired by Amazon.com at their highest share price.

Summarize

고객을 단순히 잠재적인 수익원으로 여기지 말고 먼저 인간적으로 대하라.
삶의 우선순위를 기억하라. 사람이 제일 먼저이고, 돈이 두 번째이며, 물질이 마지막이다.
그저 고객을 만족시키는 것만으론 충분치 못할 수도 있다.
그들에게 다가가 관계를 맺어라.

Anything Is Possible 불가능은 없다

Questions&Answers

1 Q 톰이 할 수 있다고 한 말에 대해 존의 반응은 어떤 것이었나?

A John sneered and replied, "If you can do that, I'll give you a $1,000!"

2 Q 농부는 왜 톰의 계획에 동의했나?

A Because Tom explained, "I will get the Mayor's daughter to marry your son."

3 Q 톰이 은행가의 부사장이 될 남자라고 말한 사람은 누구였나?

A He's the son-in-law of the Mayor.

Summarize

고정관념에서 벗어나보면 모든 게 가능하다.
어떤 가능성에 대해서도 열려 있도록 노력하라.
그것이 난제들을 해결하는 가장 좋은 방법이다.

Pocket Full of Rocks 돌로 가득 찬 주머니

Questions&Answers

1 Q 남자가 돌을 주울 경우 어떤 일이 벌어질 것이라고 음성은 말했나?

A It said, "Then, tomorrow morning, you'll have a moment of joy and a moment of regret."

2 Q 남자는 마을의 어디로 갔으며 왜 갔는가?

A He went to the market area because he was so hungry.

3 Q 남자는 왜 기쁨에 휩싸였나?

A He was filled with joy because now he was rich.

Summarize

교육이란 마치 어두운 밤 길가의 돌과 같다.
사람들은 교육을 받을 때는 그것의 진정한 가치를 이해하지 못한다.
그러나 나중에 인생을 살면서 그것이 얼마나 중요한지 그들은 깨닫는다.
그러니 무언가를 배울 때는 항상 최선의 노력을 다하라.

Don't Be Afraid to Make a Decision 결정하는 걸 두려워하지 마라

Questions&Answers

1 Q 젊은 직원은 무슨 문제를 겪고 있는가?

A He was afraid to make decisions.

2 Q 나이가 많은 직원은 왜 데이비드의 자리에 들렀나?

A David kept asking others what to do, which started to bother them.

3 Q 당신은 어떻게 경험을 얻는가?

A You need to make "bad decisions."

Summarize

좋은 결정들은 성공의 비결이다.
어떻게 하면 좋은 결정을 내릴지는 경험을 얻음으로써 알게 된다.
경험은 나쁜 결정들을 내림으로써 얻어진다.
성공이란 배움의 과정임을 잊지 마라.

The Difference 차이

Questions&Answers

1 Q 지나 베이커리에서 각각의 빵덩어리 가격은 얼마인가?

A Each loaf cost $3.

2 Q 매니저는 케빈에게 어디로 가서 무엇을 하라고 요청했나?

A He asked him to go to Daisy's Bakery and see if they have bread for sale.

3 Q 케빈의 보고를 들은 후 다른 직원의 반응은 어떠했나?

A He looked at the manager and nodded his head.

Summarize

좋은 직원과 성공하는 직원 간에는 차이가 있다.
좋은 직원은 시키는 일을 하고 지시에 따른다.
그러나 성공하는 직원은 지시받은 것 이상을 생각하고 주도적으로 일한다.
기대 이상의 일을 해냄으로써 자신을 차별화해보라.